I0467553

Table of Contents

Über dieses Buch

Airbnb ist eine Goldgrube für engagierte Gastgeber!

In diesem Buch erfahren Sie, wie Sie das ganze Jahr über, eine Auslastung von 95% erreichen!

Sie erfahren alles, was Sie wissen müssen, um ein erfolgreicher Gastgeber zu werden und Ihre Unterkunft bekannter zu machen, sowie Ihre Einnahmen zu vervielfachen.,

Steven Perrez verrät Ihnen viele kleine und große Geheimnisse und wie er es geschafft hat, sein eigener Chef zu werden, um nur noch von seinen Einnahmen aus Airbnb Einkünften zu leben.

Airbnb, das inoffizielle Handbuch, enthält geballtes Insiderwissen eines erfolgreichen Superhost und wird Ihnen dabei helfen, viel Geld zu verdienen.

Dieses Buch ist in mehreren Sprachen erhältlich.

© 2016 Steven Perrez, Cancun 2016

Impressum:

Steven Perrez

Anschrift: Avenida 22 de Noviembre, Colonia Supermanzana 75 -CP 77527 - Cancun

Telefon: 0052 998 324 5281

E-Mail: perrez.steven@gmail.com

durch Fotografie, Mikrofilm oder ein anderes Verfahren) ohne schriftliche Genehmigung des Urhebers reproduziert oder unter Verwendung elektronischer Systeme verarbeitet, vervielfältigt oder verbreitet werden.

Haftung für Inhalte

Die Inhalte der Links in diesem Buch wurden mit größter Sorgfalt erstellt. Für die Richtigkeit, Vollständigkeit und Aktualität der Inhalte können wir jedoch keine Gewähr übernehmen. Als Diensteanbieter bin ich gemäß § 7 Abs.1 TMG für eigene Inhalte auf diesen Seiten nach den allgemeinen Gesetzen verantwortlich. Nach §§ 8 bis 10 TMG bin ich als Diensteanbieter jedoch nicht verpflichtet, übermittelte oder gespeicherte fremde Informationen zu überwachen oder nach Umständen zu forschen, die auf eine rechtswidrige Tätigkeit hinweisen. Verpflichtungen zur Entfernung oder Sperrung der Nutzung von Informationen nach den allgemeinen Gesetzen bleiben hiervon unberührt. Eine diesbezügliche Haftung ist jedoch erst ab dem Zeitpunkt der Kenntnis einer konkreten Rechtsverletzung möglich. Bei Bekanntwerden von entsprechenden Rechtsverletzungen werden wir diese Inhalte umgehend entfernen.

Haftung für Links

Unser Angebot enthält Links zu externen Webseiten Dritter, auf deren Inhalte ich keinen Einfluss habe. Deshalb kann ich für diese fremden Inhalte auch keine Gewähr übernehmen. Für die Inhalte der verlinkten Seiten ist stets der jeweilige Anbieter oder Betreiber der Seiten verantwortlich. Die verlinkten Seiten wurden zum Zeitpunkt der Verlinkung auf mögliche Rechtsverstöße überprüft. Rechtswidrige Inhalte waren zum Zeitpunkt der Verlinkung nicht erkennbar. Eine permanente inhaltliche Kontrolle der verlinkten Seiten ist jedoch ohne konkrete Anhaltspunkte einer Rechtsverletzung nicht zumutbar. Bei Bekanntwerden von Rechtsverletzungen werde ich derartige Links umgehend entfernen.

Haftungsausschluss

Das Anwenden von allen Hilfestellungen, meinen Tipps und Tricks jeglicher Art aus diesem Buch erfolgt auf eigene Gefahr!

Weder fordere ich in diesem Buch dazu auf, noch heiße ich es gut, gegen Nutzungsbedingen oder Gesetze zu verstoßen!

Grundsätzliches

Bevor ich mit dem eigentlichen Buch beginne, möchte ich noch ein paar Grundsätzliche Dinge klären, um Mißverständnisse und Unklarheiten auszuräumen.

Ich möchte nämlich nicht, dass du als Käufer von diesem Buch enttäuscht wirst!

Punkt 1.
Ich stehe mit Airbnb oder anderen Vermittlungsplattformen in keiner anderen Weise, außer der Vermietung und Anmietung von Unterkünften in Verbindung.

Weder kenne ich persönlich, noch unterhalte ich, Kontakt zu Mitarbeitern, der Geschäftführung von Airbnb sowie Mitarbeitern oder der Geschäftsführung anderer Vermittlungsplattformen.

Punkt 2.
Dieses Buch ist nicht autorisiert oder von Airbnb in irgendeiner Weise genehmigt, daher ist es auch ein "inoffizielles" Handbuch. Dieses Handbuch erklärt nicht im einzelnen die Funktionsweisen von Airbnb und seinen Mitbewerbern und geht auch nicht detalliert in Diese ein.

In diesem Buch findest du keine Fotos, Kopien, Statistiken, Screenshots oder gar urheberrechtlich geschütztes Material.

Punkt 3.

Diese Buch ist für Menschen geschrieben, die entweder schon Gastgeber sind oder es werden wollen, und in ihrem Bestreben unterstützt, ein erfolgreicher Gastgeber zu werden.

Punkt 4.

Ich erkläre keine detaillierten Anleitungen oder Einstellungsmöglichkeiten, diese sollten dem Gastgeber bekannt sein. Zukünftige Gastgeber sollten sich zuerst selber, eingehend mit den Vermittlungsportalen und ihren Funktionen vertraut machen.

In diesem Buch gehe ich davon aus, das du die Portale, deren Sinn und Arbeit bereits verstehst und bei Worten wie "Kautionsvereinbarungen" oder "Stornierungsbedingungen" schon weißt, worum es dabei geht.

Punkt 5.

Dieses Buch enthält nur sehr wenige Links. Die Weiterleitungen zu verschiedenen Webseiten, Apps oder Software sind keine Affiliate Links. Ich verdiene also keine Provision daran, wenn du darauf klickst.

Punkt 6.

In diesem Buch sind alle Informationen enthalten. Das bedeutet: Es gibt keine weiteren Angebote, noch musst du dich für weitere Inhalte registrieren.

Punkt 7.

Alle in diesem Buch genannten Tipps und Tricks, Geheimnisse und Empfehlungen sind ausschließlich ohne Gewähr. Ich distanziere mich ausdrücklich von der Verantwortung oder dem Schaden, den ein Gastgeber mit Hilfe der Ratschläge in diesem Buch erleiden könnte.

Hiermit ist gemeint: Solltest du als Gastgeber, unabhängig davon, was ich in diesem Buch beschreibe, gegen Nutzungsbedingungen der Anbieter wie z.B. Airbnb oder andere Portalen verstoßen, kann ich nicht zur Verantwortung gezogen werden. Es erfolgt auf eigene Gefahr!

Ich distanziere mich ausdrücklich davon, wenn ein Gastgeber gegen das

Gesetzt verstößt. Jeder Gastgeber ist für sich selber verantwortlich, erforderliche Genehmigungen für seine Unternehmungen einzuholen, sowie sich an geltende Gesetzte wie z.B. Steuererklärungen zu halten.

Punkt 8.
Ich empfehle in meinem Buch unterschiedliche Dienste aus dem Online oder Offline-Bereich. Diese Empfehlungen spiegeln nur meine persönlichen Erfahrungen wieder und erheben keinen Anspruch oder die Garantie für einen Erfolg.

Punkt 9.
Ich bin nicht verantwortlich für Erfolg oder Mißerfolg eines Gastgebers!

Das Geschäft mit Vermietungen von Unterkünften unterliegt unzähligen Voraussetzungen und gesetzlichen Bestimmungen, sowie einem stetigen Wandel. Die Branche für Unterkünfte befindet sich seit einigen Jahren in einem starken Wandel. Das bedeutet, dass manche Tipps in diesem "inoffiziellen" Handbuch bei Erscheinungsdatum keine Gültikeit mehr haben können.

Punkt 10.
Aufgrund von Datenschutz, Mißbrauch und persönlichen Gründen, habe ich mich dazu entschlossen, keine Links zu meinen Unterkünften oder die Höhe meiner Einkünften zu veröffentlichen.

Für Kontaktmöglichkeiten steht meine E-Mail-Adresse zur Verfügung.

Punkt 11.
Dieses Buch ist das Resultat meiner eigenen Erfahrungen und spiegelt nicht die Allgemeinheit oder die Erfahrungen von Anderen wieder.

Punkt 12.
Auch wenn du mit meiner Hilfe, viel Geld verdienst, kann ich leider kein Geld von dir verlangen :)

Inhaltsangabe

- Wie viel sollst du für deine Unterkunft verlangen?
- Stornierung
- Reinigungsgebühr
- Ausnahmen
- Wochendenpreise
- Wochenpreise
- Monatspreise
- Maßgeschneiderte Rabatte
- Mindestaufenthalte
- Zusätzliche Gäste
- Kaution

Teil 4: Die Ausstattung

- Die Basics
- Einfache Unterkunft
- Hochpreisige, teure und Unterkünfte
- Unterkünfte für mehrere Personen
- Familien und Gruppen
- Deine persönliche Note

Teil 5: Privatsphäre

- Frühstück und Essen

Teil 6: Anfragen, Sofortannahme und Stornierungen

Teil 11: Checkin und Checkout Zeiten

- Checkin
- Deine Gäste kommen später oder viel später als erwartet?
- Was tun, wenn deine Gäste wieder erwarten erst in der Nacht anreisen?
- Was ist, wenn meine Unterkunft nicht so einfach zu finden ist?
- Was soll ich machen, wenn meine Gäste nicht wissen, wann sie anreisen?
- Checkout
- Zeige Gastgeber Qualitäten!
- Das macht ein guter Gastgeber bei der Anreise
- Das macht ein schlechter Gastgeber bei der Anreise
- Deine Mitarbeiter
- Listen

Teil 12: Dein Management

- Deine Unterkunft Managen
- Erreichbarkeit
- Schlüssel
- Doppelte Sicherheit
- Welche Ausstattung solltest du als Airbnb Manager haben
- Reinigungsliste
- Sauber machen wie ein Profi und Kosten sparen
- Listen Allgemein
- Standard Texte

- Passwort Sicherheit
- Internetsicherheit
- Deine Gäste stornieren ihren Aufenthalt bei dir

Teil 13: Sicherheitstipps

- Für Gastgeberinnen die ein Zimmer in der eigenen Wohnung vermieten.
- Für Familien die ein Zimmer in der eigenen Wohnung vermieten.
- Deine Unterkunft sicher vor Dieben und Einbrechern machen.

Teil 14: Zusätzlich Geld verdienen und mehr Buchungen erhalten

- Mit deinen Gästen zusätzliches Geld verdienen
- Gäste wollen außerhalb von Airbnb bei dir buchen
- Du bist erfolgreich?
- Airbnb für Businessreisende
- Mit Airbnb, ohne eigene Unterkunft, Geld verdienen
- Deine Unterkunft bekannter machen

Teil 15: Sinnvolle Apps und Webseiten

Teil 16: Schlusswort

Einführung

Hallo lieber Gastgeber, liebe Gastgeberin,

vielen Dank, dass du dieses Buch gekauft hast!

Ich bin Steven Perrez, 46 Jahre alt und in Mexiko geboren. Meine Mutter stammt aus der USA und mein Vater aus Deutschland. Ich habe in Deutschland Koch gelernt und Spanien Hotelmanagement studiert. Ich habe als Hotelmanager in vielen Ländern Europas gearbeitet und mich schon in vielen anderen Berufen ausprobiert.

Mein Einkommen erziele ich mittlerweile seit 2 Jahren nur durch Unterkünfte, welche in drei Ländern liegen, und ich arbeite ausschließlich nur noch mit dem Anbieter Airbnb.

Und ja: Ich muss noch arbeiten!

Nicht mehr soviel wie früher, und ich bin viel auf Reisen (ausschließlich Airbnb), aber mein eigener Chef geworden und genieße mein Leben in vollen Zügen!

Meine Auslastung bei Airbnb liegt das ganze Jahr über bei 95%, und in diesem Buch zeige ich dir, wie das auch schaffst!

Du findest in diesem Buch alles was du brauchst, um sofort mehr Buchungen zu erhalten und mehr Geld zu verdienen.

Ich zeige dir viele kleine und große Tricks für Gastgeber und habe ein eigenes großes Kapitel in dem ich dir aufzeige, wie du Extra Geld verdienen kannst, mehr Umsatz machst, deine Unterkunft bekannter machst und ein erfolgreicher Gastgeber wirst!

Bevor es losgeht

Unterkünfte zu vermieten, egal ob es nur ein einfaches Zimmer in deiner Wohnung ist, oder ein großes Anwesen, ist immer auch eine Unternehmerisches Risiko.

Mal läuft es gut, mal läuft es beschissen...

Sei dir bewusst, das es immer flauten gibt und du dich, zumindest nicht am Anfang, völlig auf die Einkünfte deiner Gäste verlassen solltest. Bei mir hat es ein Jahr gedauert, bis ich finanziell so gut aufgestellt war, dass ich meinen regulären Job kündigen konnte, dies ist nun zwei Jahre her.

Zu mir

Ich vermiete mehrere Unterkünfte, welche seit ca. 1 Jahr nur noch auf Airbnb gelistet sind. Ich besitze ein eigenes (kleines) Haus in Mexiko mit drei privaten Wohnungen.

Ich vermiete eine kleine Wohnung in Paris und in Deutschland.

Wohnhaft bin ich eigentlich im wunderschönen Cancun, reise aber fast das halbe Jahr durch die Welt.

Ich liebe es Gastgeber zu sein und noch lieber bin ich an den schönsten Plätzen dieser Welt.

Durch meine Kindheit in Mexiko spreche ich spanisch und durch meine Ausbildung in einem kleinen Restaurant im Norden Schleswig Holsteins auch ganz passabel deutsch. Später wollten meine Eltern, dass ich studiere, also bin ich nach Madrid und habe Hotelmanagement studiert.

Mich zog es nie besonders lange an einen Ort, also habe ich an verschieden Plätzen dieser Welt gearbeitet.

Als meine Eltern früh starben, erbte ich unser kleines Häuschen, welches heute meine "Homebase" darstellt. Sogar meine Eltern hatten die anderen Wohungen schon vermietet.

Ich war also bestens vorbereitet auf die Welt von Airbnb :)

Airbnb

Airbnb und seine Mitbewerber haben auch mich völlig überrascht, praktisch von heute auf morgen, verdiente ich mit kurzfristigen Vermietungen mehr Geld in einer Woche an Ausländer und Urlauber, als an Einheimischen im ganzen Monat!

Doch leider war mein Hausverwalter mit der neuen Situation und dem sich ständig wiederholenden "Saubermachen" nicht mehr einverstanden, und da ich gerade mal wieder untewegs war, musste ich zurück zur Basis.

Wie ich anfing

Ich investierte einen Großteil meines Ersparten und brachte das kleine Häuschen wieder richtig auf vordermann. Die Gegend und die Nachbarschaft ist sicher und auch Supermärkte gibt es überall. Als mein Erspartes wieder anwuchs, machte ich Urlaub bei Freunden in Frankreich und da war ich fasziniert von den hohen Preisen in der Stadt, besonders zu Ferienzeiten. Da mietete ich meine erste Wohnung und war nun endgültig Feuer und Flamme!

Ein halbes Jahr und vieles Suchen und Geld ausgeben später, kam ich nach Deutschland und war von einer sogenannten "Handwerkerwohnung" in der ich günstig übernachtete so begeistert, dass ich innerhalb einer Woche eine eigene möblierte Wohnung anmietete.

Bis heute habe ich einen fantastische Hausverwaltung die dort alles regelt, ich kümmere mich nur noch ums Geld ausgeben :)

Dies alles ist nicht einfach über Nacht geschehen und hat mich sehr viel

Arbeit, Zeit, Internetrecherche, und mir teilweise sehr hohe Telefonkosten beschert. Aber nun sitze ich hier im Schatten bei milden 27 Grad auf den Kanarischen Inseln bei einer wundervollen älteren Dame, welche meine Vermieterin ist und mich ständig bekochen will, und schreibe an diesem Buch :)

Ich hoffe sehr, dir als Gastgeber mit meiner Erfahrung zu helfen und bin mir sicher, dass du in meinem Buch viele hilfreiche Ratschläge erhälst.

Im Impressum des Buches findest du meine E-Mail, schreib mir doch einfach, wenn du mal Fragen hast. Bitte schreibe auf Spanisch oder Englisch!

Ohne Arbeit geht es nicht!

Bereite dich darauf vor, viel zu arbeiten. Denn ohne großes Engagement wirst du nur ein durchschnittlicher Gastgeber bleiben!

Ein Gastgeber ist immer freundlich und hilfsbereit. Wenn du nicht vor Ort bist, dann schule deine Mitarbeiter oder Vertreter entsprechend!

Dein Motto lautet" Zuhause bei Freunden"? Dann trichter es deinen Leuten auch so ein. Zahle einen fairen Lohn und klopfe auch mal auf die Finger, wenn etwas nicht so gut läuft.

Die meiste Arbeit sollte dir, abgesehen vom späteren saubermachen und reparieren, eigentlich die Anzeige und dein Profil machen.

Keine Angst, Ich erkläre dir, was wichtig ist und womit du gegenüber deinen Mitbewerbern hervorstichst.

Ich wünsche dir viel Spaß beim lesen, Erfolg im Geschäft und immer eine sichere Reise!

Einführung

Wenn du neu bei Airbnb & Co bist solltest du dich für maximal 2-3 Anbieter entscheiden. Der Grund ist einfach: Wenn du auf drei Portalen gleichzeitig eine Buchung zum selbem Zeitraum für deine Unterkunft hast, musst du eine Anfrage davon stornieren. Damit verlierst du diesen Kunden in jedem Fall, und er wird sich etwas anderes suchen.

Falls du auf mehreren Portalen Buchungen erhälst, dann solltest du vorher unterschiedliche Zeiträume in deinen Kalendern als reserviert markieren. Dies ist jedoch keine besonders gute Idee, weil du dir damit selber die Zeiträume verbaust, und es kann sein, dass dir dadurch Buchungen entgehen.

Leider gibt es noch keine (und das wird es wohl auch noch nicht so schnell der Fall sein) direkte Zusammenarbeit zwischen den einzelnen Portalen, wie bei Hotelportal-Anbietern.

Wenn du dort bei einem Anbieter gebucht wirst, wird das gebuchte Zimmer, über eine Drittanbieter-Software, bei anderen Portalen, als nicht mehr "frei" gelistet. Du musst dich also als Hotelbetreiber nur sehr wenig darum kümmern.

Meine Empfehlung

Abhängig davon, bei welchem Anbieter du später mehr Erfolg haben wirst, kannst du dich am Anfang ruhigen Gewissens bei mindestens zwei oder mehr Anbietern anmelden. Sobald du aber, bei zum Beispiel "Airbnb", die meisten Buchungen erhalten solltest, konzentriere dich nur noch auf diesen Anbieter.

Hast du mehr als eine Unterkunft, dann probiere ruhig aus, wie sich zum Beispiel dein Haus auf Airbnb und dein Zimmer auf Wimdu verkauft.

Zur Erninnerung

Sobald ein Portal deutlich mit Buchungen hervorsticht, solltest du dich unbedingt nur für dieses eine Portal entscheiden. Jede Stornierung ist für einen Gast wie heiße Kohle! Er läßt dich einfach fallen!

Er weiß nämlich nicht, dass du einfach nur überbucht bist, sondern denkt vielleicht, dass du ihn nicht haben willst.

Außerdem wird diese stornierte Buchung dem Gast immer in Erinnerung bleiben, denn auch wenn viele Gäste selten (außer Stammgäste) mehr als einmal zu dir kommen, so würden sie sich nicht noch einmal für eine "Hoffnungsvolle" Reservierung bei dir entscheiden!

Deine Anzeige

Vertrauen und Sicherheit sind das Wichtigste

Es gibt einige Grundlegende Dinge, die alles entscheiden!

1. Die Verifizierung

Du müssen dich unbedingt mit allen verfügbaren Methoden verifizieren. Eine E-Mailadresse reicht bei weitem nicht aus um vertrauensvoll zu wirken. Betrüger gibt es viele und die nutzen das System genauso.

Ein Führerschein oder Facebookfreunde sagen auch überhaupt nichts aus. Ein Ausweis hingegen ist das Allerwichtigste und zeigt deinen Kunden, dass du eine richtige Person bist.

Es geht nicht darum, das der Kunde denkt, er könnte betrogen werden, wenn du nur mit einer E-Mail verifiziert bist, denn das Geld des Gastes bekommst du sowieso erst nach 24h seiner Ankunft gutgeschrieben. Nein, dem Menschen gibt es ein gutes Gefühl, wenn er weiß, das bei Problemen mit der Unterkunft oder dem Gastgeber, auch eine richtige Person "haftbar" gemacht werden kann.

Wenn du nicht genug Facebookfreunde haben solltest, dann lege dir noch welche zu. Du hast kein Linkedin Profil? Dann melde dich da auch an!

All diese Kleinigkeiten geben dem Gast das Gefühl, sein Geld und "Er" ist bei dir sicher, und er kann sich bei Problemen auf jemanden berufen.

2. Profilbild

Hiermit ist das Profilbild gemeint, welches immer und überall angezeigt wird.

Laut meiner Erfahrung und unzähligen Gesprächen mit meinen Gästen ist das Bild einer Familie oder das eines Pärchens jenes, welches am meisten Vertrauen erweckt.

Meine zwei Empfehlungen

1. Ein nettes Bild mit deiner Frau oder Familie vor einem netten Hintergrund. Du solltest mindestens ab der Hüfte zu sehen sein. Ziehe dir für das Foto etwas alltägliches aber nettes an. Sitze auf der Coach oder stehe vor deinem Haus.

Mache bitte kein Selfi, sondern bitte jemanden das Foto zu machen.

2. Lade mindestens 5 verschiedene Profilbilder hoch. Zeige dich in unterschiedlichen Orten der Unterkunft und verschiedenen Hintergründen. Mache jeweils ein Bild von dir und deiner Frau.

Bist du eine einzelne Person?

Dann nimmst du auch, mindestens 5 verschiedene Fotos. Keine Selfis, aber Bilder auf denen du mit ganzem Körper zu sehen bist.

Allgemeine Tipps:

1. Nehme immer aktuelle Bilder!

2. Keine Selfibilder vor irgendwelchen Sehenswürdigkeiten, sondern dort wo du oder der Gast dich besuchen wird.

3. Keine verschwommenen oder grieseligen Bilder.

4. Keine Mütze, Hut oder Ähnliches tragen.

5. Lächle freundlich und winke. Für manche Leser mag es komisch klingen, aber ein freundlich lächelndes Gesicht, welches einladen zuwinkt, ist für mich hundertmal sympathischer als ein schräges Partyselfie.

6. Keine Aufnahme bei Nacht oder Dämmerung.

Fazit

Auch wenn du dich bei einigen Tipps unwohl fühlst oder es dir zu viel

Aufwand ist, dann frage dich: Willst du Geld verdienen? Dann musst du dich auch ein wenig dahinter klemmen.

Der Aufwand ist ausserdem nur einmal...

Deine zukünftigen Gäste wollen sich bei jemanden wohlfühlen, das würdest du doch auch wollen?

Wenn ich manche Profilbilder von Gastgebern sehe, überkommt mir manchmal das schaudern: Jemand will von mir mein sauer verdientes Geld, sagen wir mal 88€ für zwei Nächte, aber die Person auf auf seinem Profilbild sieht mit seinem Unterhemd schon wie ein Mafiosi oder heruntergekommener Hostelbetreiber aus, der seinen Umsatz bei Airbnb mit seinen Hostelzimmern erhöhen will.

Auch werde ich hellhörig, wenn jemand das Foto einer Frau im Profil stehen hat, aber Alberto heisst...

Vertrauen, Sicherheit und sich hoffentlich wohlfühlen, das alles muss deine Profilseite hervorrufen.

Profilbeschreibung

Ein potenzieller Kunde, welcher auf dein Profil klickt, kann in der linken Zeile sehen, wie du verifiziert bist und welche Bildung du hast.

Schreibe auch dort, soviele Informationen wie es nur geht hinein, aber auch hier gilt: Bleibe bei der Wahrheit! Wenn du schreibst, dass du Mikrobiologe bist, und ein echter Mikrobiologe übernachtet mal bei dir und stellt fest, das es gar nicht stimmt, dann könntest du mit einer schlechten Bewertung rechnen und einem verlorenen Gast für alle Zeit!

Schäme dich nicht, wenn du keine Fachhochschulreife besitzt oder nicht studiert hast. Schreibe ehrlich hinein, wer du bist und was du bis jetzt gemacht hast. Je mehr desto besser.

Begründung

Je mehr Informationen ein Mensch von sich Preis gibt, desto vertrauenswürdiger erscheint er, können doch alle Informationen auch "gegen ihn" verwendet werden. Das bedeutet im Klartext: Der potenzielle Kunde weiß, du bist ein echter Mensch, erreichbar und verklagbar! Er kann bei Bedarf sein Geld wiederbekommen und gibt sich nicht in die Hände von zwielichtigen "Organhändlern" :).

Selbstverständlich ist die Betrügerquote bei Airbnb sehr gering und bisher habe ich auch noch nie von "Organhändlern" unter den Gastgebern gehört (ich bin wohl der einzige unter ihnen :)), aber das Gefühl der Sicherheit, das du deinen Kunden damit vermittelst, ist wertvoll.

Nutze die Möglichkeit ein Profilvideo von dir hochzuladen!

Hier einige wertvolle Tipps dazu

- Sei natürlich und nimm das Video in der zu vermieteten Unterkunft auf.
- Mache dich Sympathisch, zeige dich bei bester Laune und stelle dir vor, du bist in einem Vorstellungsgespräch für einen Job!
- Sorge für helles Tageslicht von vorne.
- Kleide dich in deiner normalen Kleidung (kein Unterhemd) , in welcher dich deine Gäste auch kennen lernen werden. (Nicht die Gleiche, aber bitte keinen Anzug, wenn du normalerweise auch keinen trägst
- Schreibe dir vorher 10 Stichpunkte auf, was du sagen möchtest und übe mindestens 1Std. lang deine Aufnahme! Nimm dich dazu mit Skype oder einem anderen Webcamprogramm auf und schaue dich dabei an. Es wird zwar ungewohnt sein, aber du wirst dich dran gewöhnen.

- Keine Hintergrundgeräusche bitte, (Hundegebell oder Kindergeschrei) oder Musik laufen lassen.
- Das Video sollte nicht länger als 1 Minute sein.
- Vermeide Gesten, wie dich am Kopf zu kratzen, trinken, rauchen, zu husten, Niesen oder ständig ähm oder hmm zu sagen.
- Bewege nicht die Kamera.
- Nimm das Video, möglichst nur in einer und zwar in englischer Sprache auf, ansonsten in deiner Muttersprache.
- Wenn du das englische nicht gut beherrscht, dann lasse dir von jemanden helfen oder nutze den Dienst Fiverr.com für eine Übersetzung (5€).
- Sage zum Abschluss in drei Sprachen auf Wiedersehen und gute Reise!
- Schaue von Anfang bis Ende in die Kamera.
- Klicke zum Schluß auf den Beenden Button, ohne deinen Blick von der Kamera weg zu bewegen- also Hand auf der Maus lassen, wenn möglich.

Profilbeschreibung allgemein

Beschreibe dich, deine Familie und deiner Unterkunft möglichst umfangreich ohne dabei auszuschweifen. Erzähle ruhig etwas über deine Interessen, aber halte dich mit privaten Informationen zurück, denn bedenke, jeder kann das lesen!

Wenn du also geschieden bist, oder keinen Job hast, so geht es niemanden etwas an...

Beschreibe dich mit deinen eigenen Worten und mache dich sympathisch, aber auch hier gilt wieder: Bleibe ehrlich und suggeriere nicht etwas, was der Gast eventuell erwarten könnte, um dann später enttäuscht zu werden...

Schreibst du also: Ich spiele gerne Gitarre oder gehe gerne Feiern, lässt dich aber niemals blicken oder bist kurz angebunden, weil du deine Gäste grad nicht magst, dann schiebst du dich selber damit ins Aus!

Schreibe auch nicht, dass du ein ruhiger Familienmensch bist und ruhige Gäste suchst, wenn du im Nachbarzimmer jede Nacht eine Party steigen lässt.

Ich habe schon viele Gastgeber gesprochen, die dann über negative Bewertungen überrascht waren.

Telefonnummer

Hinterlasse mindestens eine Telefonnummer auf der du 24h erreichbar bist!

Mein Tipp

Verspreche nichts, was du nicht halten kannst und mache nichts, was du nicht versprochen hast!

Die Beschreibung

Die Beschreibung und die Bilder, welche du über die Unterkunft zur Verfügung stellst, sind entscheidend für die Buchung, erst danach kommt der Preis, denn der Gast sucht immer in einem gewissen Rahmen und wenn du dich in dem bewegst, ist es keine Glückssache mehr, dass sich der Gast, für du entscheidet. Ausserdem ist nicht jeder Gast ein Low Budget Backpacker der von Toast und Erdnussbutter lebt :)

Deine Beschreibung sollte genau so sein, wie das was der Gast erwarten wird. Wenn du eine nette Terrasse hast, auf der man den Sonnenuntergang betrachten kann, dann schreibe es auf jeden Fall hinein. Wenn deine Terrasse aber ein unheimlicher Ort ist, auf den man nicht mal seinen Müll versteckt, dann läßt du es lieber.

Du musst deine Beschreibung absolut wahrheitsgemäß gestalten. Komme niemals in die Versuchung es so zu machen wie die Reiseveranstalter. Da wird dann eine Absteige als "rustikal" oder der zugemüllte Parkplatz, als "gemütliches Plätzchen" zum rauchen beschrieben.

Das funktioniert so nicht.

Wenn du nur ein kleines, sehr einfaches Zimmer zu bieten hast, dann preise es als genau das auch an: *Ein kleines, einfaches Zimmer!*

Solltest du ein tolles Haus mit Garten und kurzem Weg zur nächsten Bushaltestelle haben, dann schreibe es auch genaus so!

Hast du schon einmal bei deinen Konkurrenten in die Bewertungen geguckt? Ganz oft schreiben die Gäste hinein, das die Beschreibung exakt wie vorgegeben war, oder auch nicht.

Es ist unbedingt erforderlich, deine Unterkunft genauso zu beschreiben wie es ist, alles andere wird dich gute Bewertungen und damit Gäste kosten!

Die Länge des Textes

Es ist nicht entscheidend, welche Länge der Text hat, solange das Richtige drinnen steht. Schreibe keinen Roman, den potenziellen Gast interessert es nicht, ob du im letzten Jahr hier schön gefeiert hast oder man sich immer auf neue Gäste freut...

Aber das Wichtigste, warum ein Text nicht zu lang sein sollte: Der potenzielle Kunde hat keine Zeit und Lust, sich durch einen unendlich langen Text zu lesen.

Die Informationen müssen kurz und knackig sein. Ein paar Punkte können stichpunktartig aufgelistet sein, aber der Text sollte im großen und ganzen innerhalb von 1 Minute gelesen werden können.

Welche Sprache?

Deine Beschreibung sollte immer auf Englisch sein!

Die meisten Menschen verstehen Englisch, und auch wenn man in den Anzeigen, automatisch mit Google übersetzten kann, ersetzt das nicht eine gut formulierte Beschreibung!

Danach sollten du in weiteren Sprachen die Beschreibung anbieten. In Spanisch, Deutsch und Italienisch, Franzödich, Niederländisch. Wenn du Gäste aus Polen haben, dann auch in Polnisch usw.

Es vereinfacht die Suche deiner potenziellen Kunden!

Meine Empfehlung

Schreibe nach dem ersten Satz deiner Beschreibung folgende Zeile in der jeweiligen Sprache: Für weitere Sprachen bitte runterscrollen.

Zur Erinnerung

- Keine Übertreibungen!
- Keine Lügen!

- Keine Unnötigen Geschichten einbringen!
- Absolut ehrlich schreiben!

Wenn du nur ein einfaches Zimmer, in einem kleinen Haus, ohne Fenster, mit einem kleinen Bett und einem alten Fernseher anzubieten hast, dann legst du einen Preis fest (wie du den besten Preis für deine Unterkunft errechnest, erzähle ich dir später) der passend dazu ist, die Beschreibung muss dann ehrlich sein und du wirst sehen, du wirst dafür Buchungen erhalten!

Wenn der Gast dann zufrieden ist, mit dem was du ihm versprochen hast und er den Preis auch als Fair empfunden hat, dann wirst du auch eine positive Bewertung bekommen, ganz einfach!

Zur Titelbeschreibung und dem Titelbild komme ich etwas später.

Kleiner Tipp

Schreibe folgendes in die Beschreibung: (und tue es natürlich auch) dass die Unterkunft nach jedem Aufenthalt desinfiziert wird

Die Bilder

Airbnb bietet einen tollen und kostenlosen Service an. Es kommt ein professioneller Fotograf zu dir nach Hause und macht Fotos von deiner Unterkunft. Nutze diesen Service unbedingt!

Leider kann es sein, dass der Service nicht überall verfügbar ist, oder wie ich in einem Fall mal hatte, einen verkappten Künstler, der eine ganze Kiste mit Dekomaterial dabei hatte und sich nichts sagen lassen wollte. Zugegeben, die Bilder sahen toll aus, aber es zeigte nicht die Wirklichkeit.

- Fotografiere deine Unterkunft immer bei Tageslicht, öffne zur Not die Vorhänge, falls vorhanden und schalte das Licht an. Sollte das

Zimmer auch bei Tageslicht sehr dunkel sein, dann übertreibe es nicht mit dem Licht!

- Achte darauf, dass das Zimmer in genau dem Zustand fotografiert wird, wie es der Gast vorfinden wird. Kommen später noch weitere Dinge dazu, wie Schränke, TV oder Ähnliches, aktualisiere die Bilder danach.
- Ein aktuelles Smartphone oder eine Digitalkamera sollte in jedem Falle ausreichen.
- Fotografiere jedes Zimmer mindestens einmal. Stelle dich dazu in den Türrahmen und versuche das ganze Zimmer auf das Bild zu kriegen. Ein weiteres Foto vom Zimmer kann von der gegenüberliegenden Seite gemacht werden, von der du das erste Foto gemacht hast.
- Jedes Zimmer oder jeder Platz den der Gast nutzen darf, solltest du fotografieren. Nach Möglichkeit immer nur ein bis zwei Fotos pro Platz, damit der Gast einen guten Überblick bekommt.
- Fotografiere auch das Haus von der Strasse aus, schäme dich nicht, wenn es dort nicht so schön aussieht. Die meisten Reisenden wissen um das Land und die unterschiedlichen Verhältnisse darin.
- Außerdem kommen wir wieder zu dem Thema Vertauen zurück. Eine nette Unterkunft ist wichtiger als die Strasse in der sie sich befindet!
- Verzichte nach Möglichkeit auf Bilder von Plätzen, Strassen oder Sehenswürdigkeiten, welche nur in der Nähe oder gar weiter entfernt sind . Das ist für den Gast nicht von entscheidender Bedeutung.
- Selbstverständlich sollten du aber Bilder von deinem Garten oder dem Strand machen, wenn er in der Nähe ist, der Gast will natürlich möglichst

genau wissen, wo er dich aufhält.

- Verzichte auf Bilder die etwas suggerieren, was es später vielleicht gar nicht gibt, wie zum Beispiel eine Gruppe mit Menschen am Lagerfeuer, Partys am Strand oder Volksfeste.
- Unterlege die Bilder auch nicht mit einem Filter wie "Schwarz/Weiß" oder "Sepia", das sieht zwar unheimlich gemütlich aus, zeigt aber nicht unbedingt die Wirklichkeit!

Kleiner Tipp

1. 360Grad Bilder und Videos sind mit jedem modernen Smartphone möglich, nutze diese Technik um deine Unterkunft bestmöglich zu präsentieren.

2. Fertige Bildercollagen an, um mehrere Bilder zugleich zeigen zu können. Lade jedoch nicht mehr als zwei Collagen gleichzeitig hoch, das sieht dann nicht so gut aus. Du kannst die gleichen Bilder aus deiner Gallerie nehmen oder weitere Bilder, um noch mehr von deiner Unterkunft zu präsentieren.

Wichtig

Jedes Bild muss von dir eine Beschreibung erhalten, das ist eine gute Gelegenheit noch mehr Informationen an deine Potenziellen Kunden heraus zu geben.

Nimm nicht die Titelzeile für jedes Foto oder schreibe: Studio/vorne oder hier siehst du einen Baum...

Möglichst genau in einem ganzen Satz beschreiben, was sich auf dem Bild befindet.

Das Titelbild

Das Titelbild, also das Bild welches als Suchergebniss für den potenziellen Kunden angezeigt wird, ist das wichtigste Bild überhaupt!

Dein Profilbild, das Titelbild und die Titelzeile entscheiden darüber ob der Gast deine Anzeige anklickt. Der Preis ist natürlich auch wichtig, aber der Gast sucht ja sowieso innerhalb seines verfügbaren Budgets. Wenn du dich in diesem Budget befindest, und der Rest stimmt, dann bist du vielen deiner Konkurrenten einen Schritt voraus!

Hier wird das Ganze ein wenig tricky, denn einerseits soll das Bild sofort das vermitteln was du zu bieten haben, andererseits so schön sein, dass er automatisch auf die Anzeige klickt.

Verärgere deine Potenziellen Kunden nicht mit falschen Bildern, denn wenn du ein Strandbild zeigst, welcher vielleicht in der Nähe ist, aber die anderen Bilder eine schmuddelige Unterkunft zeigen, dann verlierst du den Kunden!

Folgendes sollte auf dem Bild NICHT zusehen sein

- Strand- nur wenn die Unterkunft und die Bilder dazu nicht mindestens genauso traumhaft sind!
- Pool- ist ein schönes "Nice to have", sollte aber bei den anderen Bildern zu sehen sein.
- Du selbst- dafür ist das Profilbild da.
- Luftaufnahmen- völlig nichtssagend für den Gast, denn er wird die Unterkunft selten von oben sehen.
- Sehenswürdigkeiten- der Gast wird schon wissen, was es in der Nähe zu sehen gibt, dafür gibt es andere Webseiten. du willst doch deine Unterkunft und nicht die Sehenswürdigkeit verkaufen?!
- Nachtaufnahme- völlig sinnfrei!
- Von einem Garten oder Terrasse die nicht

benutzbar sind, oder der Gast sich höchstwahrscheinlich nicht hinsetzten wird, weil es vielleicht direkt an der Hauptstrasse liegt.

- Hafenbild- nur weil einer in der Nähe ist?
- Den Gemeinschaftsräumen, der Küche oder dem Balkon- fürs Titelbild ungeeignet.
- Fahrrad oder Autos- auch wenn man das bei dir ausleihen kann. Ist für den Gast erstmal völlig uninteressant.
- Fitnessraum, Teddybären oder deine Hunde- das alles hat nichts im Titelbild zu suchen!
- Kein Iphonebild welches keinen Rand zeigt- das Bild sollte voll zu sehen sein!

Was soll auf dem Titelbild zu sehen sein

Nur zwei Motive sind für den Klick auf deine Anzeige richtig:

1. Die Unterkunft, also das Zimmer.

2. Das Haus in dem die Unterkunft liegt.

Auch hier musst du differenzieren: Ist das Haus genauso schön wie die Unterkunft? Wird der Gast also nicht einfach nur vom schönen Haus geblendet und du zeigst dann eine schmuddelige Absteige, oder ist das Zimmer auch traumhaft wie die Fassade deines Hauses?

Meine Empfehlung

Als Titelbild sollten du aussschließlich die Unterkunft, also genau das Zimmer nehmen, in welchem der Gast später auch schlafen wird!

Du sollten es so fotografieren, dass das ganze Zimmer zu sehen ist!

Begründung

Der Gast braucht eine Unterkunft, und die meisten Gäste bleiben im

Durchschnitt 2 Nächte. Das bedeutet, du solltest ihm genau das zeigen, was er sucht!

Sobald er das Bild interessant findet, wird er auch die anderen Bilder sehen wollen.

Beispiel

Wenn du ein Verkäufer wärst, und der Kunde sucht eine Brille, dann zeigst du ihm doch auch nicht erst die Verpackung oder das Geschäft von außen?

Selbstverständlich suchen manche auch Unterkünfte für eine ganze Woche oder mehr. Ich selber habe dann immer drauf geachtet, ob eine Terrasse vorhanden war und wie groß eventuelle Aufenthaltsräume waren, aber für mich ist immer am wichtigsten : Wie sieht mein Schlafzimmer aus? Das entscheidet über den Klick auf deine Anzeige!

Ist es gemütlich? Sieht die Matratze bequem aus? Etc.

Das zweite und dritte Bild

Bei Airbnb können deine Gäste beim Titelbild links oder rechts die weiteren Bilder ansehen, ohne die Anzeige aufzurufen, dies solltest du unbedingt für dich nutzen!

Da du hoffentlich auf meine Empfehlung hörst, und das erste Bild, das der Unterkunft sein wird, sollte das zweite Bild dann das Haus zeigen.

Folgende Reihenfolge hat dich bewährt:

1.Bild: Schlafzimmer der Unterkunft

2.Bild: Haus wo die Unterkunft dich befindet

3.Bild: Badezimmer

4.Bild: Küche oder Küchenzeile mit Kühlschrank

5.Bild: Terrasse, Balkon, Garten

6.Bild: zweites Bild vom Schlafzimmer

die weitere Reihenfolge ist nicht wichtig aber es gillt:**Je mehr desto besser!**

Bitte versehe die Bilder nicht mit einem Wasserzeichen, das stört beim Betrachten und sieht unseriös aus. Es könnte sich dabei in den Augen des Gastes um einen Immobilienmakler handeln, um aufdringliche Werbung oder Ähnliches. Lasse die Bilder einfach auf den Gast wirken.

Bedenke, dass die Bilder immer eine gewiße Maße haben müssen um gelistet werden zu können. Wenn du Änderungen durchführst, kann es bis zu 30Minuten dauern, bis die Änderungen sichtbar sind.

Kleiner Tipp

Wenn deine Bilder nicht so gut aussehen, kannst du du mit einem Bildbearbeitungsprogramm iwe Gimp oder Inkscape bearbeiten oder lässt es für wenig Geld von einem Profi machen. Du findest solche zum Beispiel auf www.fiverr.com

Anmerkung

Alles weitere entscheidet dann die Titelzeile! Die Suche des Gastes beschränkt sich ja schon auf den Preisrahmen in dem du dich befindest. Ein gutes Profilbild erweckt Vertrauen, und wenn du dann auch noch ein gutes Titelbild hast, dann wird auch auf deine Anzeige geklickt!

Beschreibung Teil 2

Du kannst verschiedenste Angaben machen, was deine Gäste erwartet. Von Wlan über Haustiere, Checkin Zeiten usw.

Fülle dort alles wahrheitsgemäß aus! Sage nicht, das du einen Föhn für die Gäste hast, wenn sie ihn von dir privat erfragen müssen. Der Gast erwartet bei einem Föhn auch einen Föhn in seiner Unterkunft!

Wenn du angibst eine Waschmaschine zu haben, dann geht der Gast davon aus, auch eine nutzen zu können und nicht, das nur du eine besitzt.

Das klingt für die meisten Gastgeber sicherlich selbstverständlich, ist es aber leider nicht immer. Meine Freundin braucht morgens einen Föhn, den musste sie sich aber jedes mal bei der Gastgeberin erfragen, da sie ihn selber genutzt hat. Zugegeben nicht besonders schlimm, aber ein fader Beigeschmack bleibt dabei doch, wir würden dort nicht noch einmal buchen!

Preisfindung

Kommen wir zum empfindlichsten Thema, der Preisfindung für deine Unterkunft.

Airbnb bietet dabei unglaublich gute Hilfe, den dort kannst du dich automatisch an den Tagespreisen und Saisonpreisen orientieren, nutze dies!

Andererseites will Airbnb auch ein Stück vom Kuchen haben und verlangt von dir, wie als auch von deinen Gästen eine Servicegebühr. Orientiere dich nicht daran, eine möglichst geringe Servicegebühr zu bezahlen, oder deinen Gäste eine niedrige Gebühr zu ermöglichen sondern kalkuliere alles zusammen. Eine Hilfestellung erhälst du in diesem Kapitel.

Beispiel

Deine Unterkunft ist in der Nebensaison einfach nicht konkurrenzfähig, ohne das jemand anzweifeln würde, dass ein Superluxusapartment am Meer mit Pool usw. einen entsprechenden Preis wert ist!

So musst du deine Preise anpassen!

Ein Airbnb Gastgeber zu sein, bedeutet auch Arbeit, darüber solltest du dir immer im klaren sein!

Das heisst auch, sich ständig Gedanken darüber zu machen, was man wohl verlangen kann.

Du solltest deine Preise unbedingt an denen deiner Mitbewerber anpassen. Welche Ausstattung haben sie, welchen Service bieten sie an und wie kannst du da mithalten?!

Folgende Fragen solltest du dir immer stellen, selbst wenn dich davon nicht beeinflussen lässt:

- Was verlangen deine Mitbewerber?
- Wie glaubst du, kommen Sie zu dem Preis?
- Was bieten sie noch an
- Welche Zusatzleistungen
- Stornobedingungen usw...

Das gibt dir einen ungefähren Einblick in deine Preisfindung.

Verlange nicht viel mehr als deine Unterkunft wirklich wert ist, der Preis sollte in jedem Falle immer Fair sein. Viele Gastgeber sind gierig und wollen um jeden Preis reich werden, aber mal ehrlich: Reich werden mit Airbnb? Es kann ein ausgezeichnetes Zusatzeinkommen sein und dir Dinge ermöglichen, von denen du vorher nicht geträumt hast, aber reich?

Sei fair mit der Beschreibung und verlange einen angemessenen Preis, frage dazu deine Gäste, ob sie deinen Preis als angemessen bezeichnen, wenn nicht, dann korrigiere ihn- das kann auch bedeuten, das man mehr verlangen kannst!

Das schwierigste Thema überhaupt, ist wahrscheinlich die Preisfindung.

Hast du schon einmal ein Auto verkauft? Da hängen Erinnerungen dran, man hat viel Geld in Reaperaturen gesteckt und braucht den Restwert um sich sein neues besseres Auto zu finanzieren. Warst du da auch so drüber erschreckt, wie wenig die Menschen bereit sind dafür zu bezahlen? Selbst im Internet stand etwas von "Restwert", den du aber schon schlauerweise in deiner Anzeige unterboten hast, doch alle Menschen finden deinen Preis zu hoch und wollen verhandeln.

Das ist nur natürlich, zeigt aber auch paralellen zur Preisfindung deiner Unterkunft:

Du hast viel Geld hineingesteckt und viel Schweiß in die Arbeiten gesteckt. Warst viel unterwegs um alles mögliche dafür einzukaufen und bist endlich froh, wenn du mit deinem "Baby" fertig bist!

Tja, da haben wir den Salat!

Wie bereits erwähnt, solltest du nur das kaufen, was sich für dich im endeffekt Lohnt, und dir durch zufriedene Gäste und positive Bewertungen auch in weitere Buchungen niederschlägt.

Kaufe das was du dir leisten kannst, und wo du der Meinung bist, sich auch irgend einmal wieder amortisiert!

Und da sind wir wieder: Bei der Preisfindung.

Jetzt wirt es ernst!

Wie viel sollst/kannst/musst du für deine Unterkunft verlangen?

Dazu musst du erst einmal ein wenig rechnen.

Ich gehe in meinem Beispiel einfach mal davon aus, das du eine Wohnung, oder ein Haus als Unterkunft zur Verfügung stellst. Bei einem einzelnem Zimmer, kannst du dir ausrechen, wie viel du an Mietkosten an dem einen Zimmer, theoretisch zu bezahlen hast.

Vergiss erst einmal, wie hoch deine Investitionskosten waren:

1. Wie hoch ist die Miete (inklusive Nebenkosten), welche du für deine Unterkunft im Monat bezahlen musst?
2. Wie hoch ist deine Versicherung oder der Anteil, für deine Unterkunft?
3. Wie hoch werden deine Reinigungskosten sein?
4. Wie viel musst du für etwaige Dienstleistungen bezahlen?
5. Welche weiteren Kosten kommen auf dich zu, wenn du eine Unterkunft hast?

6. Listen, Ausdrucke, Spritkosten fürs abholen, Telefonkosten etc.

Vereinfachtes Beispiel (mit Genehmigung des Eigentümers oder Vermieters, eine Unterkunft zu betreiben):

- 1000,- Miete inklusive Nebenkosten
- 50,- Versicherung
- 3,- Reinigungskosten (bei eigener Arbeit) pro Übernachtung
- 20,- weitere Kosten

So benötige ich in meinem Beispiel, Einnahmen von 1073,- um Kostendeckend zu arbeiten.

Dieses Beispiel enthält erst einmal keine Reperaturkosten oder weitere Anschaffungen!

1073,- / 30 Nächte = 35,76,- pro Nacht + 3 % Servicegebühr = 36,83,-

Das bedeutet deine Unterkunft muss Pro Nacht mindestens 36,83,- kosten. Die Reinigungsgebühr müssen in diesem Beispiel die Gäste extra bezahlen.

Bedenke, dass in einigen Ländern von Airbnb sogar noch eine Steuer mit drauf gerechnet wird!

Angenommen, vergleichbare Mitbewerber aus deiner Region verlangen pro Nacht einen Betrag von 50,-.

Dann hättest du bei gleichem Betrag einen Gewinn von 13,17 pro Nacht. Falls du Steuern* zahlen musst, musst du auch diese mit berechnen.

Steuern fallen in vielen Ländern völlig unterschiedlich aus. Genaue Informationen, welche Freigrenzen und Regelungen du zu beachten hast, erfragst du am besten bei einem Fachanwalt.

In meinem Beispiel zahle ich eine Gewerbesteuer von 30% aus selbstständigen Einkünften.

Das bedeutet, meine Unterkunft bringt mir in diesem Beispiel (Minus 30% Steuern) einen entgültigen Gewinn von 9,21,- pro Nacht ein. Ich verdiene also im Monat 276,30,- Im Jahr sind es 3315,60,- **Wenn ich immer zu 100% belegt bin!**

Wow, ganz schön ernüchternd oder? Welcher Airbnb Host hat seine Unterkünfte schon 365 Tage im Jahr vermietet?

Dazu kommen dann aber noch Reperaturkosten, Neuanschaffungen etc.

Macht es also Sinn den Preis zu erhöhen?

Dieses Beispiel war sehr vereinfacht und jeder Vermieter hat andere Bedingungen!

Du solltest dich Grundsätzlich* an den Preisen deiner Mitbewerber, Hotels, Hostels etc. und denen deiner Region orientieren.

*Natürlich gibt es auch dabei viele Fallstricke denn:

- Nicht jeder Airbnb-Vermieter muss für seine Unterkunft bezahlen! Vielleicht besitzen sie das Haus bereits?
- Wer sagt, dass deine Konkurrenten Kostendeckend arbeiten?
- Woher willst du wissen, wie hoch die Kosten deiner Konnkurrenz sind, und ob sie überhaupt Steuern zahlen?
- Vielleicht sind deine Konkurrenten günstiger als du, mit vergleichbarer Ausstattung und Unterkunft, und haben nur dadurch Buchungen?
- Usw.

Gaanz schön schwierig oder?

Jede Unterkunft ist anders, und jeder Vermieter muss seine Preise unterschiedlich kalkulieren. Letzendlich kommt es aber auch darauf an, gefunden zu werden und dann evtl. mit deinen Gästen noch etwas Extra zu verdienen. Lese dazu das Kapitel Geld verdienen!

Kalkuliere nicht zu knapp, denn Reperaturen usw. Kosten Geld, und das solltest du möglichst schon mit deinen Gästen verdient haben und nicht von deinem erspartem nehmen!

Mein Tipp

- Kreiere eine supertolle Anzeige, sei ein einzigartiger Gastgeber zu deinen Gästen und du bist schon gut im Spiel!
- Setzte am Anfang nicht auf ein einziges Pferd! Airbnb ist zwar der größte, aber bei weitem nicht das einzige Portal, wo du deine Unterkunft anmelden kannst.

Die Wahrheit

Selbst wenn du der einzige Anbieter (oder nur einer von hunderten) in deiner Gegend bist und ein großartiges Preis-Leistungsverhältnis anbietest, können Buchungen ausbleiben!

Die Gründe sind unendlich...

Es kann sein, das sich das Geschäft mit Vermietungen für dich einfach nicht lohnt, dann solltest du es dir eingestehen und damit aufhören, damit du nicht hochverschuldest in die Pleite rutscht.

Meine Empfehlung

- Überdenke ständig, ob du ein gutes Preis-Leistungsverhältnis anbietest und was du noch besser machen kannst.
- Probiere verschiedene Varianten aus und schaue, welche sich am Besten schlägt.
- Zahle kein Geld für Preisfindungsapps oder Dienste im Internet!
- Steche hervor! Mit der Anzeige, deinen Leistungen und deinem Service.
- Fange lieber klein an und schau ob sich das Geschäft für dich lohnt.
- Keine großen Investitionen tätigen, ohne das du das Geld bis dato verdient hast!
- Sei offen für Kritik und Verbesserungsvorschlägen.
- Lese das Kapitel über Geld verdienen und deine Unterkunft bekannter machen!

Viel Glück.

Stornierung

Die Stornierung solltest du immer auf "Flexibel" stellen.

Nur weil jemand storniert, bedeutet es nicht, dass er niemals zu dir kommen wird.

Sei deinem Gast nicht sauer und schreibe Ihn deshalb an, ansonsten hast du einen Negativen Multiplikator erschaffen! Denn, stornierte Buchungen auch bewertbar, und es gibt jede Menge Facbookgruppen, Reiseblogs etc. Unter denen sich die Menschen austauschen: Also Finger weg von den "Strengen" Stornierungsbedingungen.

Anmerkung

Gäste die sehr kurzfristig stornieren oder nicht erscheinen, du aber das Geld erhälst, und denen du das Geld nicht wieder erstattest, werden dir sehr böse sein!

Reinigungsgebühr

Viele verlangen eine geringe bis horrende Reinigungsgebühr, ich verlange überhaupt gar keine, warum?

Frage dich bitte folgendes:

- Wie viel gibt es zu reinigen?
- Bietest du Handtücher oder Bettwäsche an?
- Gibt es bei dir WC Papier und Spülmittel?

Kann man die Reinigungsgebühr nicht auf den Zimmerpreis umrechnen? Nein, das ist keine gute Idee, denn mit deiner Anzeige hast du nur sehr wenig Platz dich zu präsentieren und daraus geht nicht hervor, welche Leistungen du sonst noch so bringst. Der Gast sieht dann nicht: Oh, für den Preis ist ja soviel enthalten.

Er sieht nur: Oha, der Anbieter ist gleich 3€ teuer als seine vergleichbaren Mitbewerber!

Was also tun?

Wie viel kostet es dich ein paar Bettlaken und Handtücher zu waschen? Vermutlich nur sehr wenig...

Was kostet dich eine kleine Flasche Spülmittel oder eine Packung WC-Papier? WC-Papier kannst du klarstellen, dass bei einem längeren Aufenthalt, die Gäste selber dafür sorgen müssen- wenn sie das vorher wissen, gibt es überhaupt kein Problem, denn die Gäste wissen, dass sie bei Airbnb und nicht in einem Hotel sind.

Meine Gäste sind immer sehr überrascht, wenn sie bei der Ankunft eine Flasche Wasser und eine Packung Nüsse auf dem Tisch sehen und ich ein paar Rollen WC-Papier stelle.

Soviel Wasser verbrauchen die Reisenden auch nicht, dass ich denen soviel in Rechnung stellen kann.

Es heißt doch außerdem: "Übertreffen Sie die Erwartungen Ihrer Gäste"!

Meine ganz persönliche Meinung bei kleinen Unterkünften und Empfehlung zur Reinigungsgebühr:

Lass es bleiben!

Überrasche deine Gäste und Sie werden es dir mit einer positiven Bewertung danken. Dies wiederum bedeutet für dich: Mehr potenzielle Kunden!

Ausnahmeregel

Wenn deine Gäste länger als eine Woche bleiben, kannst du von Ihnen kleines Geld verlangen, aber mehr als 5€ pro Woche sollten es auf keinen Fall sein!

Ausnahme

Bei großen Häusern die du an mehrere Gäste vermietest, kannst du entweder die Reinigung im Preis mit einkalkulieren oder als Reinigungsgebühr deklarieren.

Meine Empfehlung

Kalkuliere es nicht in den Preis mit hinein, dann ist deine Unterkunft günstiger für deine Gäste, bzw sieht in der Anzeige günstiger aus.

Die Höhe der Reinigungsgebühr sollte nur kostendeckend sein, versuche nicht mit überhöhten Gebühren, Geld zu verdienen, denn deine Gäste vergleichen sehr genau, ob deine Mitbewerber bei gleichem Angebot eine höhere oder niedrigere Reinigungsgebühr haben und sich dann evtl. für den günstigeren Anbieter entscheiden.

Anmerkung

Wenn du mit deiner Unterkunft gerade einmal so, kostendeckend arbeitest, dann solltest du nicht versuchen mit unnötig hohen Reinigungsgebühren Gewinn zu erwirtschaften, sondern deine Preise überdenken oder zusätzliche Wege finden mit deinen Gästen Geld zu verdienen, dazu habe ich ein eigenen Kapitel geschrieben..

Kleiner Tipp (noch nicht von mir ausprobiert)

In einigen Ländern bereits verfügbar und kann dir vielleicht helfen, deine beste Preiseinstellung zu finden.

https://beyondpricing.com

Wochendenpreise, Wochenpreise, Monatspreise, Maßgeschneiderte Rabatte und Mindestaufenthalte

Auch hier gilt wieder: Passe dich an!

Nutze hier die Hilfe von Airbnb und deine Mitbewerber bei der Preisfindung.

Genrell gilt

- Für ein Wochenende sind 10% Rabatt der beste Wert.
- Für Wochenpreise sind 15%-20% am besten.
- Für Monatspreise sollte der Rabatt 25% nicht übersteigen. Das bedeutet 4 Wochen bleiben, nur drei bezahlen. Alles was darüber hinaus ist, musst du selber entscheiden. Dies hängt von deiner Kostendeckung und deinen Buchungen ab, denn mit Kurzaufenthalten verdienst du eventuell mehr, als mit einem Rabatt von z.B. 35%, nur weil du es den potenziellen Kunden schmackhaft machen möchtest.

Du kannst in deiner Beschreibung auf Rabatte hinweisen, dies muss aber nicht sein, da der Kunde es sowieso in der Auflistung sieht.

Du solltest vielleicht ausprobieren, was gut bei dir läuft und vor allen Dingen auch deine Gäste fragen, was Sie von den Rabatten halten und ob Sie es als angemessen betrachten. Du musst natürlich nicht auf die Gäste hören!

Wenn dein Angebot sehr gut läuft und du nicht so sehr auf Rabatte angewiesen bist, dann lasse sie ruhigen Gewissens weg. Läuft es aber mal nicht so gut, weil zum Beispiel Nebensaison ist, dann passe dich an.

Mindestaufenthalt

Der Mindestaufenthalt sollte nicht mehr als 1 Nacht sein!

Begründung

Du verschreckst mit Mindestaufenthalten deine potenziellen Kunden!

Ich verstehe, dass es natürlich mehr Geld bringt und sich in deinen Augen eher lohnt, mehrere Nächte zu vermieten und der Aufwand nicht so groß ist.

Aber viele Menschen suchen nach nur 1 Übernachtung!

Wenn sich ein Mindestaufenthalt von 1 Nacht für dich finanziell nicht lohnt, und eine Unterkunft hast, welche einen höheren Preis nicht rechtfertigt, dann musst du dein Geschäftsmodell überdenken!

Sicherlich gibt es Gründe, warum du einen Mindestaufenthalt von mehreren Nächten oder gar einer Woche forderst. Vielleicht wirst du ja auch gut gebucht, und es ist genau das Richtige für dich? Toll, das freut mich, weiter so!

Viele Gastgeber machen das während Festivals, Messen oder in der Saison, ob es sich für dich auch rechnet, musst du selber ausprobieren.

Es gibt natürlich auch Gastgeber die nur Monatsweise vermieten, meist nutzen diese einfach nur Airbnb als zusätzliches Betätigungsfeld.

Kleiner Tipp

Du kannst in den Einstellungen, Preise für jede weitere Nacht festlegen.

Hierbei solltest du auf keinen Fall zu wenig nehmen, es soll sich doch immer noch für dich rechnen!

Für alle anderen habe ich noch einmal ein paar Denkanstöße

- Deine Unterkunft rechtfertigt keinen höheren Preis?

Dann mache sie besser, schöner, größer, Renoviere oder biete Zusatzleistungen an

- Du kannst definitiv keinen höheren Preis verlangen?

Dann überdenke ob Vermietungen das Richtige für dich sind! Wenn du Buchungen hast, umso besser, aber du willst doch auch Geld verdienen? Der ganze Aufwand soll sich doch nicht nur "Taschengeld"* bemerkbar machen. Verschrecke also keinen potenziellen Kunden damit, das du sie zwingst, gleich mehrere Nächte bleiben zu müssen!

- Kannst du gegen höhere Preise evtl. Frühstück, Getränke oder Taxiservice anbieten?

*In manchen Ländern sind selbst die kleinsten, zusätzlichen Einnahmen, wertvolles Geld, das verstehe ich! Aber wenn du aus kleinsten Beträgen auch größere machen kannst, dann versuche es!

Mein leider oft bestätigter Eindruck

Ich habe schon oft erlebt, dass viele Gastgeber mit den Mindestaufenthalten von mehreren Nächten, einfach nur mehr Geld scheffeln wollten und teilweise sogar richtig gierig wurden.

Geld ist schön, aber es kommt nicht von alleine! Wenn du überteuerte Unterkünfte, falsche Beschreibungen oder Fotos, falsche Versprechen oder in der Nachrichtenkommunikation Unwahrheiten verbreitest, nur damit die Gäste bei dir buchen, dann machst du etwas falsch!

Denke immer an die Bewertungen! Jede negative Bewertung kostet dich · potenzielle Kunden!

Jeder dumme Kommentar von dir, zu den "unberechtigt" erhaltetenen negativen Bewertungen, kostet dich wiederum zahlende Gäste. Wenn du dann noch den Fehler machst, und deine Gäste aufgrund einer negativen Bewertung auch negativ bewertest, brauchst du dich nicht mehr wundern, wenn du bald überhaupt keine Buchungen mehr erhälst!

Ehrlichkeit ist trumpf!

Abzockermentalität- welches für manche Menschen, als falsch verstandener "Unternehmergeist" gewertet wird, ist ein Boomerang und kommt immer wieder zu dir zurück!

Für Abzocker ist die Welt klein, denn die Konkurrenz deiner Mitbewerber ist jetzt schon unüberschaubar und wird in den nächsten Jahren noch zunehmen. Denke lieber langfristig, als an das schnelle Geld, dann wirst du auch kontinuierlich Gäste und damit weitere Einnahmen erzielen!

Zusätzliche Gäste

Hierbei nimm nicht soviel wie für eine reguläre Person sondern ca 30% weniger. Du musst leider selber entscheiden, wie hoch die Kosten dann für dich wären und wie hoch du bereit bist vom Preis hinunter zu gehen

Kaution und Kautionsansprüche

Ein Thema über das ich mir lange den Kopf zerbrochen habe, aber eine gute Lösung gefunden habe.

Es ist zwar so, das eine Kaution nicht im Vorfeld bezahlt werden muss, aber bei berechtigten Ansprüchen du nur 48h Stunden Zeit hast, diese anzufordern.

Wie sehr gut bei Airbnb beschrieben, kann es immer sein, dass ein Gast mal Rotwein verschüttet oder den Schlüssel mitnimmt. Oder wie bereits geschehen, ein Gast verwüstet dein Appartement :(

Es geht immer etwas kaputt!

Auch wenn deine Unterkunft sehr einfach ist, du sehr gutgläubig bist, oder nur nette Gäste hast. Du solltest in jede Falle eine Kaution verlangen!

Am Anfang hatte ich Angst, dass ich durch mögliche Kautionszahlungen, potenzielle Kunden verprellen könnte, und ein einfacher Schlüßel ja nicht die Welt kostet, aber selbst wenn es nur 5€ sind, es sind 5€ die von deinem Gewinn abgehen!

Stell dir vor, du stellst fest, das deinem Gast dein zur Verfügung gestelltes Rad gestohlen worden ist, oder die Schnorchelausrüstung für 6 Personen weg ist?

Meine Empfehlung

Nimm immer eine Kaution, aber stelle deinen Gästen keine Glühbirnen oder ein kaputtes Handtuch in Rechnung.

Anmerkung

Bedenke, das bei Kautionsansprüchen gegenüber deinen Gästen, auch deine Gäste befragt werden. Dies kann in Einzelfällen zu Problemen führen.

Meine Empfehlung

Lasse dir von deinen Gästen immer Schriftlich oder per E-Mail (vor der Abreise) bestätigen, dass dir ein Schaden entstanden ist, somit hast du einen Wasserdichten Beweis!

Falls du schon sehr negative Erfahrungen gesammelt hast, kannst du auch folgendes machen

Nimm eine Tageszeitung und Fotografiere sie mit deiner Unterkunft und alle Relevanten Dinge die kaputt gehen könnten.

Mache es wie die Mietwagen Firmen: Du gehts mit einer Liste und deinen Gästen durch deine Unterkunft und lässt sie am Ende unterschreiben. Sieh Kapitel Management.

Ausstattung

Mithilfe meiner Erfahrung der letzten Jahre als Anbieter und Gast habe ich für dich aufgelistet, welche Ausstattung essenziell ist und auf welche verzichtet werden kann.

In erster Linie hängt es natürlich von den Gegebenheiten und deinem Geldbeutel ab, was du anbieten kannst.

Zu allererst

Du solltest zumindest nicht am Anfang, von Airbnb als einziges Einkommen abhängig sein. Bleiben die Buchungen, warum auch immer aus, dann ist das natürlich fatal.

Die Basics

In jedem Falle jedoch, solltest du folgende Grundausstattungen anbieten können:

Ein Bett mit einer guten Matratze!

Hast du nur eine alte Federkernmatratze auf der man jede einzelne Feder spürt, dann gibt es zwei Möglichkeiten: Du kaufst eine Neue oder du legt eine oder mehrere Wolldecken unter das Bettlaken.

Eine gute Matratze aus Schaumstoff kostet nicht die Welt und sollte einer Federkernmatratze immer vorgezogen werden.

Das Bett sollte möglichst groß sein, damit auch größere Personen oder Pärchen sich dort drin wohlfühlen. Das Bettgestell, aus welchem Material auch immer, soller frisch gestrichen sein. Kein feuchtes oder brüchiges Holz!

Bettwäsche

Das Bettlaken und die Bettwäsche sind für Gäste sehr wichtig, spare nicht an der Sauberkeit. Notfalls einmal mehr in die Wäscherei bringen, auch wenn es etwas teurer ist. TIPP:

Lasse die Sachen in den von der Wäscherei mitgelieferten Beutel oder Tüten!

Bettlaken, auch wenn sie frisch gewaschen sind, müssen absolut Fleckenfrei sein und gut riechen. Benutze dazu einen Weichspüler oder gutriechendes Waschmittel.

Das gleiche gilt für die Bettwäsche. Nichts ist ekliger als eine vergilbte oder fleckige Bettdecke oder Kopfkissen!

Das Bett sollte an einer Wand stehen, die auch keinerlei Flecken aufweist! Notfalls das Zimmer neu streichen!

Tipp

Sieht zwar nicht so schön aus, für günstige Unterkünfte aber manchmal geeignet: Fliese die Ecken in der das Bett steht, so kannst du es sehr leicht reinigen, neue Fugenmasse oder Fugenreiniger benutzen und deine Gäste sehen sofort das es sauber ist.

Kosten

Falls du es dir erlauben kannst, so wähle immer Antiallergikerbettwäsche. Kaufe dir Bettwäsche in Hotelqualität, die ist zwar um einiges teurer, aber du musst dir lange Zeit keine Gedanken über Löcher, aufgeplatzte Nähte oder Federn machen, die aus dem Bettzeug kommen.

Achte darauf, das deine Bezüge vollständig geschlossen werden können!

Es gibt diese typischen rechteckigen Bezüge, die an einer Seite offen sind, ich hasse sie, aus zwei Gründen:

1. Es kommt immer wieder vor, das dem Gast oder auch mir, wenn ich Gast bin, der Bezug beim schlafen abgeht, und morgens stelle ich fest,

das ich- wahrscheinlich wie viele andere Gäste zuvor, auf dem blossen Kissen schlafe- ein total ekliger Gedanke!

2. Dadurch, das diese Bezüge immer wieder verrutschen, werden die Kissen irgendwann, aufgrund von Körperschweiss, Fett und Schminke gelblich und ich muss neue kaufen!

Anmerkung

Ich persönlich finde es am besten, den Gästen es zu überlassen, ihre Betten selber zu beziehen!

Begründung

Sie sehen sofort, dass alles sauber ist!

Sie wissen, wer ihre Bettwäsche angefasst hat!

Diese und nachfolgende Informationen hören sich für manche Gastgeber als große Investitionen an, aber glaubt mir: Negative Bewertungen aufgrund eines fleckigen Bettlakens, bedeutet für andere, potenzielle Kunden: Oh, das ist es wohl generell nicht sauber!

Du musst diese Investitionen tätigen um zufriedene Gäste zu haben!

Moskitonetze

Wenn du ein Anbieter in einer Region lebst, wo es Moskitos, Fliegen oder sonstiges Gewürm gibt, dann sind Moskitonetze an allen Fenstern und Türen absolute Pflicht. In dem Moment, wo ich dieses Buch schreibe grasiert zum Beispiel, weltweit das Zikavirus!

Die Netzte sollten heil sein und keine Löcher aufweisen. Wenn es ein weißes Netz ist und durch die Sonne schon ein wenig vergilbt ist, macht es nichts, aber es sollte nicht ganz so unappetitlich aussehen.

Moskitonetz über dem Bett. Das ist auch ein absolutes Muss! Baue dazu an jeder Ecke des Bettes ein paar kleine Latten an und umspanne das Netz damit. Es muss gar nicht so hoch sein. Ein Netz welches von der

Decke wie ein Zelt herabhängt ist auch nur bedingt sinnvoll, da, wenn man zu zweit ist, man mit seinem Körper immer wieder an den Seiten gegen kommt und das ganze Bett ein wenig verkleinert wird.

Schloss zum abschließen

In jedem Falle, sollte das Schlafzimmer oder die gesamte Unterkunft abschließbar sein und das Schloß keine Schäden aufweisen. Es weckt kein Vertrauen, wenn du deinen Gästen sagst: Ach, das passt schon, hier ist noch nie was weggekommen.

Nicht jeder Gast möchte seinen Rucksack immer eingepackt und angekettet am Bettpfosten liegen haben, sondern auch einfach mal auf den Tischen oder dem Bett liegen lassen. Geben Sie dem Gast die Möglichkeit sich einzuschließen und seine Privatsphäre zu genießen. Nichts ist unangenehmer, als wenn ich eine Unterkunft verlasse und Angst haben muss, dass jemand meine Sachen klaut.

Steckdosen

Wenn es aufgrund der Bauart vielleicht nur eine oder wenige Steckdosen in der Unterkunft gibt, dann sorge für Verlängerungen. Je mehr desto besser.

Achte darauf, das sie beim malen nicht übergemalt werden, da sie dann klemmen können und es nicht schön aussieht. Das gleiche gillt für Lichtschalter.

Ventilator, Klimaanlage und Heizung

In heißen Regionen sollten ein oder mehrere Ventilatoren Pflicht sein! Am besten sind die, welche an der Decke hängen.

Achte drauf, dass die Ventilatoren auch sauber sind und nicht total vergilbt und klebrig von Staub und Kondenswasser.

Eine Klimaanlage ist zwar nicht überflüßig, wird aber immer gerne genommen.

Eine funktionierende Heizung ist in vielen Ländern sehr wichtig, glaube nicht, nur weil ein Gast aus Russland kommt, das er bei 10Grad Raumtemperatur in Paris nicht friert!

Damit deine Gäste sich wohlfühlen, aber deine Heizkosten nicht deinen Gewinn auffressen, kannst du sie entweder entsprechend einstellen (ab 24:00h aus und ab 06:00h wieder an) oder/und Heizregeln festlegen. Stelle entsprechende Wolldecken für die Couch oder wärmende Bettwäsche zur Verfügung.

Tipp

Bringe Wolldecken immer in eine Wäscherei und lasse sie danach in der Verpackung, so können deine Gäste sehen, das sie auf jeden Fall sauber ist.

Badezimmer

Je nach Gegebenheit, hat die Unterkunft ein gemeinsames oder privates Badezimmer/WC für den Gast. Ein Badezimmer hat seinen Zweck zu erfüllen, ein paar fehlende Fugen zwischen den Fliesen stört in einer günstigen Unerkunft nicht, aber ein kaputter WC Sitz oder eine dreckige verkalkte Dusche, sowie abblätternde Farbe, ist für mich ein Problem!

Deine Gäste erwarten nicht immer den puren Luxus, aber Sauberkeit. Das bedeutet natürlich keine tägliche Badezimmerreinigung, aber saubere WC Sitze sind ungeheuer wichtig. Es muss keine komplett neue Einrichtung sein. Du musst aber auch nicht die 20Jahre alte Kloschüssel aus der Garage nehmen, nur weil es billig ist.

Achte bei Schränken drauf, dass diese gut abzuwischen sind. In der Dusch oder Badewanne solltest du eine kleine Halterung installieren, damit man dort seine nötigsten Pflegeprodukte abstellen kann.

Installiere nach Möglichkeit, Gerätschaften, Halterungen und Schränke entweder mit Saugnäpfen, so kannst du sie jederzeit abnehmen und reinigen oder montiere Sie richtig fest, damit nichts abfallen kann.

Eine Rolle WC-Papier für den ersten Tag ist eine gute Idee, ebenso ein Spray gegen Geruch!

Anmerkung

Falls du deine Unterkunft in einem Land oder Gebiet hast, wo die Toilette öfter mal verstopfen kann, dann sorge immer für einen WC-Pümpel und Chemikalien und sage deinen Gäste, das WC-Papier nicht in die Toilette gehört.

Für viele Menschen aus Europa ist dies eine sehr unangenehme Erfahrung und hier solltest du dir unbedingt etwas überlegen:

- Mülleimer mit guter Mülltüte (immer genug bereitstellen), und einem Mülleimer der fest und geruchlos verschließt. Windeleimer eignen sich dafür hervorragend!
- Raumspray
- Desinfektionsmittel im Badezimmer.
- Außerdem solltest du deinen Gäste zeigen, wo sich der nächste Müllcontainer befindet.
- Schränke und Tische

Die Gäste lieben es, endlich mal alle Sachen aus dem Rucksack zu packen, zu waschen, neu zu ordnen oder einfach mal wieder in einen richtigen Schrank zu räumen. Sorge für genügend Ablageflächen, die kannst du sehr günstig selber bauen.

Falls du Holzpalleten für Möbel benutzt, sollte es auch allgemein zu deiner Unterkunft passen, denke daran, das Holz zu bearbeiten und zu lackieren, damit man es abwischen kann und nicht wegen zuviel Feuchtigkeit anfängt zu schimmeln

Wecker

Ist immer hilfreich. Gerade für Gäste die evtl. Zum Checkout verschlafen könnten :)

Kühlschrank

Ich sage dir: Ein Kühlschrank MUSS sein.

Begründung

Du sparst dem Gast damit Geld! Denn wenn er seine Lebensmittel kühl lagern kann, dann hat er länger etwas davon und spart somit Geld.

Ich habe gerne auch ein kaltes Getränk zur Hand und freue mich, wenn ich morgens kalte Milch zu meinem Müsli haben kann.

Wenn es für dich irgendwie machbar ist, dann stelle in jedem Schlafzimmer einen eigenen kleinen Kühlschrank hinein.

Falls du ein ganzes Haus vermietest ist das natürlich überflüssig, aber bei einem privaten Zimmer oder kleinem Apartment machst du deinen Gästen damit eine Megafreude!

Herd, Herdplatten, Kochgelegenheit, Geschirr

Auch hier gilt wieder: Du sparst deinen Gästen damit viel Geld, ganz besonders, wenn sie länger bei dir wohnen. Deine Gäste sind zufriedener und du ein besserer Gastgeber!

Eine einfache oder zwei Herdplatten die man auf einen Tisch stellen kann, reichen völlig aus. Auch ein kleiner Gaskocher kann seinen Zweck erfüllen, allerdings ist das dann wieder teurer.

Natürlich ist auch ein wenig Geschirr notwendig!

Falls das alles nicht geht, ist eine Mikrowelle (Mikrowellengeschirr muss vorhanden sein) hervorragend geeignet!

Kleiner Tipp zum Geschirr und auch allgemein

Achte beim Besteck darauf, dass es aus einem Stück ist, dann kann es nicht durchbrechen. Ich weiß es verführt, billiges Zeug zu kaufen, aber du kaufst dann immer wieder billiges Zeug und das summiert sich.

- Hartes Plastikgeschirr ist nicht teuer und kann auch mal runterfallen, gleiches gilt für Becher.
- Töpfe aus rostfreiem Stahl
- Keine Teflonpfannen! Die werden irgendwann kaputt sein. Investiere lieber in eine oder zwei aus Edelstahl oder Gußeiserne.
- Es liegt ganz an dir ob du Grundlegende Mittel zum Kochen bereitstellen möchtest, wie z.B. Öl, Zucker, Salz, Gewürze, Kaffee , Tee etc.

Vorteil

- deine Gäste sparen Geld und Zeit zum Einkaufen

Nachteile

- Du gibst jede Menge Geld aus.
- Deine neuen Gäste sehen nur angebrochene Flaschen, Tüten etc. das sieht nicht gut aus, eher unhiegenysch. Das bedeutet, du muss jedesmal wieder neue Dinge zum kochen kaufen.
- Außerdem können manche Lebensmittel verderben, oder von Fruchtfliegen heimgesucht werden, also solltest du dir auch Gedanken machen, ob du Lebensmittel wie einen Obstkorb bereitstellen willst.

Meine Empfehlung

Je nach Preislage und Gewinn deiner Unterkunft musst du das leider selber entscheiden.

Begründung

Deine Gäste rechnen nicht unbedingt mit einer voll ausgestatteten Küche und sind meisten darauf vorbereitet ein paar Lebensmittel einzukaufen.

Lösung

Kaufe Behälter wie Plastik- oder Glasflaschen und Label sie mit dem, was enthalten ist, so kannst du diese immer wieder saubermachen und auffüllen ohne jedesmal komplett neu zu kaufen!

Stühle, Tisch

Mindestens einen Stuhl und einen Tisch solltest du in einer Unterkunft haben, wenn diese nur aus einem Zimmer besteht, ansonsten soviele Stühle wie Bewohner. Hier reichen Plastikmöbel völlig aus. Die sind bequem und günstig. Sobald du mehr Geld verdient hast, kannst du ja bessere Möbel kaufen.

Wäscheleine

Falls möglich baue draussen oder auf dem Dachboden, wo auch immer eine Möglichkeit auf, damit deine Gäste ihre Wäsche zum trocknen aufhängen können.

WIFI

Darüber brauchen wir eigentlich nicht reden, aber es gibt für Reisende doch nichts wichtiges als Internet. Wenn es in deinem Gebiet keine regulären Internetanschlüße gibt, dann besorge dir einen mobilen WIFI Router in den du eine SIM-Karte stecken kannst. Dazu besorgst du dir einen mobilen Internettarif Dann gibt es für den Gast zwar keinen Breidbandanschluss, aber immerhin Internet.

Warum ist WIFI so wichtig? Viele reisen ohne Laptop und haben Internet nur mit Ihren Handys und Smartphones. Ich selber habe eine kleines Laptop, welches keinen Netzwerkkabel-Anschluss mehr hat.

Ich habe schon erlebt, dass jemand seinen uralten Pentium2 PC in der Wohnung stehen hatte und gesagt hat: Hier kannst du das Internet nutzen, ist genauso gut wie WIFI...

Anmerkung

In jedem Zimmer, auf der Terrasse und auch draußen im Garten sollte bei dir WIFI einwandfrei funktionieren!

Immer wieder stelle ich fest, das uralte WIFI Router verwendet werden und gerade mal ein Zimmer adequat mit dem köstlichen Ambrosia names "Internet" versorgt werde kann. Kaufe dir entweder einen neuen Router, oder Verstärkergeräte.

Ich verspreche dir- wenn ich in einer Bewertung bei einer Unterkunft lese, für die ich mich interessiere, das das Internet nicht funktioniert hat (und das nicht aufgrund von Stromausfall oder höherer Gewalt), und in dem Gastgeber Kommentar, nichts über eine Behebung des Problems steht, dann kannst du dich darauf verlassen, das diese Unterkunft von mir nicht gebucht wird!

Stelle dir mal vor, wie viele Buchungen solchen Gastgebern durch dir Lappen gehen?

Also, stelle fest, das bei dir überall Internet vorhanden ist!

<u>Schlüssel</u>

Sorge dafür, dass jede Person die in deiner Unterkunft übernachtet einen Schlüssel bekommt oder falls du ein WIFI-Schloss benutzt, jeder den Code kennt.

Begründung

- Es kann immer etwas passieren:
- der Schlüssel geht verloren oder wird gestohlen
- Ein Unfall

Jede Person sollte einen Schlüssel haben, damit, für den Fall der Fälle auch jede Person in die Unterkunft hinein kann.

Anmerkung allgemein

Je größer oder luxuriöser deine Unterkunft wird, desto höherwertiger wird auch deine Ausstattung werden. Achte darauf nicht das Allerteuerste zu nehmen, wenn es das auch mit weniger tut.

Lese dazu unbedingt das Kapitel mit der Kaution!

Natürlich sind Kaffeemaschinen mit Tabs, eine wundervolle Erfindung, und ich nutze sie auch regelmäßig, wenn so etwas in meiner angemieteten Unterkunft vorhanden ist, aber bedenke, dass die Tabs wiederum Geld kosten, und nicht überall sofort für den Gast zu finden sind, wenn er einkaufen geht.

Von Friteusen, Popcornmaschinen, Brotbackmaschinen solltest du eher absehen, da immer etwas kaputt gehen kann, bzw. Die Reinigung der Geräte nicht mal eben schnell gemacht sind. Außerdem: sind solche Geräte wirklich wichtig?

Bedenke die Anschaffungskosten und den Nutzen für dich, nicht für deine Gäste!

Fazit

Dies sind die absolut notwendigsten Dinge, die du einem Gast bieten solltest. Es müssen am Anfang nicht die neuesten Geräte oder Möbel sein, aber mit zunehmenden Buchungen kannst du dich verbessern und dann auch irgendwann einmal deine Preise erhöhen.

Richte dein Angebot, egal ob es eine Luxussuite oder ein kleines einfaches Zimmer in deiner Wohnung ist, gemütlich ein. Gibt deinem Gast die Gelegenheit sich zurück zu ziehen und seine Privatsphäre zu genießen.

Alles was du an Möbel, wie zum Beispiel eine Coach, Hängematte, Fernseher, oder AppleTV mit Netflix etc. Zur Verfügung stellst ist toll. Aber bedenke dabei dich nicht zu übernehmen. Klar ist Netflix toll, aber absolut nicht notwendig, wenn deine Unterkunft pro Nacht nur 9€ kostet.

Eine Terrasse mit Hängematte ist großartig, nützt aber nichts, wenn die Terrasse direkt an einer belebten Hauptstrasse liegt...

Anmerkung

Nur weil deine Unterkunft am Strand liegt, bedeutet es nicht zwangsläufig, dass du mehr Geld verlangen kannst!

Eine kleine Stadtwohnung in Paris darf in der Saison ruhig etwas mehr kosten und wenn du in Guatemala im Dschungel eine tolles Eco Dorf errichtet hast, dann verlange dafür, was du verlangen kannst.

Es ist natürlich nicht sehr einfach, aber eine neue, teure Coach solltest du nicht im Preis auf die Unterkunft niederschlagen.

Orientiere dich an dem, was deine Mitbwerber anbieten und welche Preise sie haben, wenn du der Meinung bist, viel mehr zu bieten und deine Gäste sich aussergwöhnlich wohlfühlen, dann spricht überhaupt nichts dagegen ein paar Euros mehr dafür zu verlangen...

Hochpreisige, teure und Unterkünfte für mehrere Personen

Ich gebe zu, ich bin sehr selten in richtig teuren Unterkünften zu Gast gewesen, zum einen wiederspricht es meiner Natür, mehr Geld auszugeben als nötig und ich reise höchstens zu zweit, andererseites gönne ich mir auch manchmal etwas richtig Gutes.

Für mich beginnen teure Unterkünfte für 2 Personen ab 100€, das entspricht in der Regel dem Preis eines 3Sterne Hotels.

Ich habe festgestellt, dass viele Unterkünfte einen höheren Preis verlangen, sobald die Aussicht besonders schön ist, das Meer sehr nah oder ein Pool vorhanden ist.

Selbstverständlich sind bei solchen Vorteilen eine kleine Preiserhöhung auch völlig ok, aber dennoch wundern sich viele Gastgeber, warum die Bewertungen, die sie erhalten, trotzdem nicht so gut sind, warum ist das so?

Weil sie sich verschätzen, denn unabhängig von tollen Benefitz wie Meerblick oder Pool, erwarten deine Gäste dennoch für einen höheren Preis auch eine bessere Unterkunft!

Du kannst nicht mit einer "Kaltwasserdusche" aufwarten und dreckige Bettlaken aufziehen und nur weil man von der Terrasse aus das Meer sehen kann, gleich das doppelte an Gebühr verlangen, so funktioniert das nicht!

Aufgabe

Schaue dir andere Anbieter in deiner Preisspanne und in den höheren Preisspannen an. Kurioserweise wirst du feststellen, das nicht automatisch besser Bewertungen vorhanden sind, nur weil es teuer und damit vermeintlich besser ist.

Selbstverständlich gibt es sehr teure, wundervoll gestylte Luxusappartements mit ausschließlich Superbewertungen, aber ebenso auch schlechten Bewertungen- entweder war die Gegend nicht so sicher wie beschrieben, die Schlüßelübergabe war eine Katastrophe oder es war nach dem Einchecken, war eine Woche lang niemand mehr erreichbar!

Du siehst, es ist egal, ob du ein einfaches Zimmer in deiner eigenen Wohnung in Madrid vermietest oder eine Lodge in Südafrika, wenn die grundsätzlichen Dinge nicht stimmen, dann ist es egal wie viel man als Gast für eine Unterkunft bezahlt, oder wie viel Geld man auch zur Verfügung hat: Unfreundliches oder arrogantes Verhalten, dreckige Unterkunft oder nichtfunktionierendes WIFI, dies alles und noch viele Gründe mehr, sind der Grund, warum hochpreisige Unterkünfte nicht unbedingt besser sein müssen.

Unterkünfte für mehrere Personen

Wenn deine Unterkunft nicht völlig privat ist, dann musst du es unbedingt beim Einstellen der Anzeige mit angeben und in der Beschreibung und den Fotos noch einmal verdeutlichen!

Deine Gäste suchen eine Private Unterkunft?

Dann bedeutet es nicht, dass sie ihre "Privatsphäre" in ihrem Zimmer oder auf dem stillen Örtchen haben, sondern die ganze Unterkunft für sich!

Viele Gastgeber machen diesen Fehler, entweder aus Unwissen, aus schlampige Arbeit beim erstellen der Anzeige oder aus Absicht (Profitgier) um mehr Buchungen zu kassieren!

Sich ein Haus oder eine Unterkunft zu teilen ist immer ein wenig heikel, wer geht wann ins Bad oder guckt TV, wie rücksichtsvoll muss man am Abend und in der Nacht sein etc. Stelle auch dies in den Hausregeln klar und rede mit deinen Gästen.

Familien und Gruppen

Zu Familien kann ich eigentlich nur positives sagen, sind sie doch sehr einfach zu händeln.

Habe vielleicht ein Steckdosenlicht in Herzform parat, falls mal ein Kind nicht einschlafen kann :)

Bei einer Unterkunft für viele Menschen, egal ob du ein paar Zimmer, ein ganzes Haus oder ein halbes Hostel vermietest, ist wichtig, das du von allen wichtigen Dingen im Haus immer genug hast. Ein einziges Badezimmer für 6 Personen oder mehr, kann zum unangenehmen Nadelöhr werden, während ein einziger Kühlschrank kein Problem darstellen sollte.

Versuche auch herauszufinden, was speziell in deiner Unterkunft wichtig für deine Gäste ist:

- Du hast eine große Terrasse? Wie wäre es mit Hängematten oder Liegestühlen?
- In deiner Gegend ist es nur im Sommer warm? Dann sorge für eine funktionierende Heizung.
- Deine Unterkunft hat Zugang zum Meer? Baue eine kleine Dusche nach draußen(Kaltwasser reicht) damit deine Gäste sich den Sand und das Salz abwaschen können.

Du siehst, es gehört sehr viel dazu deine Gäste zufrieden zu stellen, egal ob klein oder groß!

Je nach Preislage, kannst du dir die tollsten Dinge einfallen lassen um deine Unterkunft zu etwas besonderem werden zu lassen

- Smarthome Geräte um alles mit dem Handy kontrollieren
- Pinschloss am Eingang
- Gemälde und Kunstgegenstände
- Teures Porzellan
- Kaffemaschine mit Tabs
- Playstation/Xbox
- Whirlpool oder Sauna
- Concierge
- Safe mit selbsteinstellbaren Zahlencode- verankert

in einer Wand!

- Elektrische Fahrräder
- Dienstleistungen wie Wäscheservice, Mietauto, Tourbegleitung etc.

Wo bekommst du tolle Möbel oder Gegenstände zu einem guten Preis?

Egal in welchem Land deine Unterkunft liegt, gute Möbel sind immer teuer...

Manche Gastgeber lassen Möbel eigens anfertigen, weil dies günstiger ist, als im Ausland zu bestellen, andere haben das Glück und alles vor Ort zu bezahlbaren Preisen...

Ziehe in Betracht, das Internet und Seiten "Alibaba" oder noch besser "Aliexpress". Bei Aliexpress kannst du alle möglichen Produkte in einzelner oder sehr geringer Stückzahl bestellen.

Für günstige Unterkünfte tun es auch Second Hand Produkte, aber **bitte keinen Müll kaufen, nur weil er günstig ist!**

Wichtiger Hinweis

Immer wieder kommt es vor, dass Gegenstände kaputt (oder verloren) gehen, Toiletten verstopfen oder irgendetwas repariert werden muss. Dies ist natürlich immer ärgerlich, besonders wenn der Gast daran Schuld ist.

Stelle immer in den Hausregeln klar, was in deiner Unterkunft (wenn nötig mit Anleitung) wie zu benutzen ist:

- WC-Papier nicht in die Toilette
- Fenster nicht oder nur stoßweise aufmachen, wenn die Heizung an ist
- Leihfahrräder müssen immer abgeschlossen werden.

usw.

Du kannst deinen Gästen keine defekte Glühbirne oder Wäscheleine in Rechnung stellen und auch nicht verlangen, dass sie deine teures Porzellan ersetzen, du bist ja schließlich selber Schuld, wenn du an Familien mit Kindern vermietest :)

Auch wenn du teure Kunstwerke an den Wänden oder auf den Regalen stehen hast, solltest du dir immer im klaren (und versichert) darüber sein, das alles kaputt gehen und gestohlen werden kann!

Dies alles sind die Leiden eines Vermieters!

Es obliegt an dir zu entscheiden, wie viel Luxus du deinen Gästen gönnen möchtest!

Zum Nachdenken

Überlege immer, ob dir zusätzliche Gadgets, Geräte, Dekoration, ein Smart Home etc. dich deinem Ziel näher bringen: Geld zu verdienen!

Du solltest daher immer den Kosten/Nutzen Faktor bedenken. Nützen deinem Gast gewisse Dinge so gut, dass er dadurch noch zufriedener ist und es dir dadurch nützt, dass er eine positive Bewertung verteilt und du dadurch noch mehr Gäste bekommst?

Wenn du Antwort "Nein" lautet, dann spar dir das Geld, denn jetzt kommen wir zu dem Kostenfaktor:

Du hast eine Unterkunft, die 50,- Pro Übernachtung kostet. Du bietest einen Wochenrabatt von z.B. 15% an, also für 297,50,- in der Woche.

Deine Miete beträgt 550,- im Monat und du bist zu 50% den Monat lang ausgebucht. Wir sagen mal, du vermietest eine Woche lang an einen Gast und die anderen Nächte jeweils an andere Gäste, somit ergibt sich ein Umsatz von: 697,50,- im Monat, bei oben genannten Fiktiven Bedinungen.

697,50,- Umsatz durch Mieteinnahmen
Minus 550,- Miete
= 147,50,- - Gewinn?

Nein, die 147,50,- sind vermutlich noch lange nicht dein Gewinn, denn du hast ja sicherlich noch andere Unkosten, wie Reinigungsmittel, Servicekosten von Airbnb, evtl. Reparaturkosten, Steuern, Versicherung, Benzinkosten wegen dem Abholen deiner Gäste, Waschkosten für Handtücher etc.

Solltest du noch Mitarbeiter beschäftigen, die für dich alles Reinigen, dann sieht es aber düster mit dem Gewinn aus!

Wenn du und andere Gastgeber ehrlich sind: Bei wem sieht dies nicht so aus? Wenn überhaupt etwas übrig bleibt!

Beispiel

Angenommen du hast von deinen 147,50,-, sagen wir mal 100,- Gewinn, mit dem du machen kannst was du willst, dann überlege ganz genau, welche Reperaturen oder gar Anschaffungen du tätigen möchtest!

- Ist eine Friteuse wirklich notwendig?
- Muss eine Tab-Kaffeemaschine in der Küche stehen?
  usw.

Alles was nicht direkt deinen Gast helfen kann, sich noch heimeliger zu fühlen und dir dann auch direkt gute Bewertungen bringt, kannst du erst einmal auf Eis schieben. Du solltest dies aber ganz allein entscheiden, nur weil Ich eine Kaffeemaschine für meine Gäste nicht kaufen würde, heisst es nicht, dass Ich mich als Gast nicht darüber freuen würde!

Jeder Euro den du ausgibst, der muss erst einmal wieder reinkommen!

Anmerkung

Durch viele Gespräche mit anderen Gastgeber habe ich festgestellt, das, je teurer eine Unterkunft ist, desto seltener wird sie vermietet! Umso wichtiger sind also positive Bewertungen!

Nutze das volle Potenzial deiner Unterkunft, egal, ob du ein Luxushaus für 2 oder 18 Personen hast! Denke nicht immer an das Geld, sondern an die Zufriedenheit deiner Gäste- so denkst du langfristig!

Kümmere dich um einen Gast genauso wie um eine ganze Heerde, ein guter Gastgeber tut so etwas, oder er sorgt für Mitarbeiter die so etwas können!

Was ist, wenn die Elektrizität ausfällt?

In manchen Ländern kann es des öfteren vorkommen, das die Energieversorgung ausfällt. Du solltest geeignete Mittel bereithalten, wie zum Beispiel:

- Gaslampen
- Kerzen,
- Feuerzeuge, Streichhölzer
- Fackeln
- Dieselgenerator?

Ausserdem kann es sein, das bei dir öfter mal ein Gewitter herrscht und dass deine Gäste hochwertige Elektronik wie Laptops dabei haben, in dem Falle solltest du für gute Sicherungen sorgen oder Steckdosen mit Überspannungsschutz.

Geld sparen

Nicht jeder Gast ist ein Low Budget Backpacker der froh ist, eine günstige Unterkunft gefunden zu haben. Deshalb solltest du wohl überlegen, welche Möbel und welches Material du kaufst.

Im ersten Moment sind teure Bettlaken aus dem Großhandel vielleicht teurer als aus dem Supermarkt, aber spätestens, wenn du immer wieder aufgerissene Nähte und Löcher hast und die Bettlaken wegschmeissen musst, rentiert sich das einfach nicht mehr.

Meine Tipps

- Kaufe lieber Engergiesparlampen als einfache Glühbirnen
- Bettlaken, Handtücher und Zubehör in Hotelqualität
- Reinigungsmittel aus dem Großhandel, gleiches gillt für alle Reinigungsgeräte, vom Schrubber bis zum Eimer
- Jallousien aus Plastik bleichen schnell in der Sonne aus, Metall ist dagegen unempfindlicher
- Kaufe Markenprodukte!

Begründung

Stell dir vor, du kaufst eine Klimaanlage von einem unbekannten Hersteller aus China, nur weil sie günstig war, dann wirst du es mit Ersatzteilen schwierig haben. Gleiches gillt für z.B. Staubsauger, Kühlschränke etc.

Dinge wie Gartenstühle aus Plastik können ewig halten, sehen aber nach einer Weile nicht mehr schön aus und lassen sich irgendwann auch nicht mehr reinigen. Materialien aus Holz kann man immer wieder schön malen und überlackieren, davon hast du auf die Dauer mehr.

Nichts spricht allerdings dagegen, erst einmal das Nötigste und Günstigste zu kaufen und bei aufsteigenden Gästezahlen bessere Möbel etc. zu kaufen!

Smarthome

Ein Haus oder eine Wohnung in ein Smarthome hat bestimmt ein paar tolle Vorteile wie z.B:

- Immer und überall steuerbar
- Energie und damit Kosten sparen
- Es sieht unheimlich cool aus

Aber leider auch ein paar Nachteile:

- Hohe Anschaffungskosten
- Nicht immer sehr einfache Bedienung
- Datensicherheit bei geteilten Zugängen ist bedenklich

Du musst selber entscheiden und herausfinden, ob die Anschaffung für dich und deine Gäste einen Gewinn darstellen.

Jeder Euro den du investierst, musst du auch irgendwie wieder reinbekommen und ob ein Smartes Home dafür geeignet ist, halte ich in vielen Punkten für fraglich.

Dein Herz und deine Seele

Ich war einmal in Paris in einer Apartementwohnug mit Blick auf den Eifelturm. Gigantisch kann ich nur sagen. Die Wohnung sah aber aus wie aus einem Katalog, zwar sehr schön, aber ohne Seele...

Deine Unterkunft sollte abgesehen davon, dass sie eine passende Grundausstattung haben sollte, auch ein wenig persönlich sein. Damit meine ich keine Poster im Großformat von dir und deinem Haustier, sondern eine heimelige Atmosphäre.

Je nach Kapital und erwarteten Einnahmen, kannst du etwas daraus machen. Es muss ja nicht immer Feng Shui sein, aber Möbel die zueinander passen und ein paar schöne Plastikblumen wirken wunder.

Denke nicht: Die Sicht auf den Strand ist doch schon schön genug, wenn nichts in deiner Wohnung bequem oder praktisch ist, sondern nur auf Design und Schönheit gerichtet ist. Das Schönheit im Auge des Betrachters liegt und jede Unterkunft anders, verstehe ich.

Aber eine 1 Zimmerbude mit roter Schlafcouch, gelben Vorhängen und einer Grünlackierten Tür mit Vorhängeschloss, wird kein Gast als besonders gemütlich empfinden.

Auch ein Haus im Landhausstil mit den teuersten Möbeln, riesengroßer Küche und drei Bädern kann ungemütlich sein.

Meine Empfehlung

Richte dich nicht nach dem, was deine Gäste schön finden könnten, sondern was DU schön findest- dann kannst du gar nichts verkehrt machen!

Deine persönliche Note

Bitte entferne alles aus deiner Unterkunft, was für den Gast entweder sinnlos, als störend oder unangenehm empfunden werden kann.

- Defekte Küchengeräte oder Geräte aller Art
- Schuhe, Kleidung
- Verrostetes Geschirr und Besteck
- Computertisch mit Ablagen und Zettelwirtschaft
- Persönliche Fotos
- Überflüßige Möbel
- Müll, Werkzeug etc.
- Überraschungsei Figuren

Du vermietest ein einzelnesZimmer in deiner Wohnung? Dann räume vorher auf und mache sauber, dass immer mal etwas unaufgeräumt liegen bleibt, ist natürlich ok, aber kein Gast möchte in eine Chaosruine, wo man glaubt sich erst einmal desinfizieren zu müssen...

Außerdem kann dir im Extremfall auch nicht viel gestohlen werden.

Wenn du eine Abstellkammer hast, dann schließe sie ab, muss ja nicht jeder sehen, was du alles so sammelst.

Wie viel Privatsphäre brauchen meine Gäste?

Das hängt ganz von deinen Gästen und deiner Unterkunft ab. Du solltest darauf achten, deine Gäste nicht zu belästigen, bevormunden oder von morgens bis abends Ratschläge zu erteilen.

Sei zurückhaltend und frage ruhig alle paar Tage mal nach, ob alles in Ordnung ist, es Probleme gibt und ob dein Gast sich wohlfühlt.

Du bist ja immerhin "Gastgeber" und du willst, dass sich deine Gäste wohlfühlen!

Die meisten Reisenden kommen schon ganz alleine auf dich zu, wenn sie Fragen haben. Sei immer offen und freundlich, auch wenn es grad mal nicht so passt.

Du kannst deinen Gästen auch sagen, dass du immer erst am Abend zu einer bestimmten Uhrzeit zu erreichen bist, dein Gast wird dies resprektieren sich nach dir richten.

Anmerkung

Viele Gäste verbinden Airbnb direkt mit dem Gastgeber und erwarten meistens auch Kontakt, ansonsten könnten sie ja in ein Hotel oder Hostel gehen. Dies ist dem Gedanken an Airbnb geschuldet und dem, was die Medien einem über die Sharing-Economy suggerieren. Das du im Prinzip nichts anderes als ein Vermieter bist der Geld verdienen möchte und vielleicht gar keinen Kontakt zu seinen Gästen haben möchte, darüber wird selten etwas geschrieben.

Fakt ist: Deine Gäste könnten dir den mangelnden Kontakt als negativ in den Bewertungen auslegen! Also, lass dich mal blicken und mache eine wenig Small Talk!

Du wirst relativ schnell ein Gefühl dafür entwickeln, wie viel Unterstützung deine jeweiligen Gäste benötigen.

Bei manchen Gastgebern habe ich oft das Gefühl gehabt, sie wären gestresst, weil sie versucht haben immer anwesend zu sein und konnten wohl auch schwer "nein" sagen.

Wenn du grad keine Zeit hast, oder im Stress bist, dann teile es deinem Gast oder deinen Gästen ruhig mit, sie werden es verstehen, immerhin sind sie die "Urlauber" und nicht du.

Auch wenn du hilfsbereit bist, lasse dich nicht ausnutzen und kutschiere deine Gäste kostenlos von A nach B.

Du musst für dich selber herausfinden, wie viel Zeit du opfern kannst und möchtest, falls deine Gäste Unterhaltung oder Gespräche suchen.

Deine Gäste sind immer begierig darauf zu wissen, was du so machst und wie es so in deinem Land so zugeht, das ist völlig normal und darauf solltest du vorbereitet sein. Sei freundlich und hilfsbereit!

Ich habe selber schon oft Gastgeber erlebt, die sich völlig zurückgezogen haben und den Anschein gemacht hatten, sie seien froh, wenn ich wieder weg bin- Hauptsache die Kohle kassieren, aber sonst kein Kontakt.

Ich finde es gut, Privatsphäre zu genießen, aber ich genieße auch gerne mal eine Unterhaltung, ob mit meinen Gästen oder als Gastgeber.

Auf den goldenen Mittelweg kommt es an. Wenn du dir nicht sicher bist, dann frage deine Gäste einfach ob du sie nervst oder ob sie gerne mehr von dir sehen wollen. Manchmal denkt man, der andere will nur in Ruhe gelassen werden, dabei ist man einfach nur sehr respektvoll.

Einfach mal reden hilft über viele Mißverständnisse hinweg und ebnet den Weg zu positiven Bewertungen.

Frühstück und Essen

Viele Anbieter (Du vielleicht auch), bieten Frühstück an. Ich selber mache das nicht, da ich es entweder auf den Unterkunftspreis draufschlagen, extra berechen und außerdem auch zubereiten müßte.

Ich bin aber z.B. selber oft gar nicht vor Ort, oder müßte das alles von jemand anders organisieren lassen.

Du musst außerdem immer frische Lebensmittel vor Ort haben, eventuell das Geschirr abwaschen , einkaufen usw.

Desweiteren kostet es viel Geld, welches du ja auch erst einmal verdienen musst!

Kaum jemand wird dir eine Einladung zum Essen abschlagen. Was gibt es denn schöneres für den Reisenden, als mit seiner Gastfamilie, einheimisches Essen zu futtern?

Du musst selber entscheiden ob du so etwas machen möchtest. Je nach Länge des Aufenthaltes deines Gastes, bringt es euch ein wenig näher zusammen und dein Gast wird dich in seiner Bewertung lobend erwähnen.

Wie bereits erwähnt: Ein Gastgeber zu sein, bedeutet auch manchmal viel Arbeit!

Persönlicher Tipp

Wenn dein Gast oder deine Gäste anreisen oder du sie abholst, dann lade sie am selben oder nächsten Tag auf einen Tee, Bier oder eine Cola ein, um sich ein wenig kennen zu lernen, das Eis zu brechen und abzuklären, was man voneinander erwartet.

Mir hilft es oft, einen guten Draht zu meinen Gästen zu bekommen, sie fühlen sich dann gleich viel wohler und glücklich so gut aufgenommen zu werden.

Du kannst den Gästen eine Menge Tipps geben und ihnen helfen sich in einer Fremden Stadt oder Land zurecht zu finden.

Im Kapitel "Management" habe ich etwas über Small Talk geschrieben. Ich weiß, dass der Kontakt zu fremden Menschen auch für Gastgeber ungewohnt ist, denke aber mal nach, wozu du dich entschieden hast: Du vermietest eine Unterkunft bei Airbnb, du bist kein regulärer Wohnungsvermieter, den man wahrscheinlich nur zweimal im Leben sieht- Beim Einzug und beim Auszug!

Nein Gastgeber sein bei Airbnb ist etwas anders. Du verdienst zwar auch Geld als Vermieter, aber du kannst viel mehr Geld als ein "Vermieter" verdienen, dazu gehört aber das "Persönliche" und die sogenannte "Extrameile", damit du positive Bewertungen und somit mehr Gäste bekommst...

Ganz schön anstrengend das Ganze oder?

Wichtig

Gehe niemals in die Unterkunft, das Zimmer oder Haus ohne das dein Gast dabei ist!

Hole dir notfalls das Einverständniss des Gastes ein, aber du solltest es niemals ohne den Gast tun!

Begründung

Es liegen viele private Dinge von deinem Gast in der Unterkunft herum, evtl. auch Wertsachen. Es ist verständlich, das dies deinem Gast unangenehm wäre, wenn du einfach so in die Unterkunft gehen würdest.

Außerdem kann es immer sein, dass dein Gast etwas auf seinen Streifzügen verliert- du in der Unterkunft warst und er dich evtl. dafür verantwortlich macht. Bedenke auch: Es gibt nicht nur gute Menschen da draußen!

Anfragen, Sofortannahme und Stornierungen

Jede Nachricht die du über Airbnb bekommst, solltest du sofort beantworten. Egal um welche Uhrzeit!

Begründung

Ich habe selber schon mehrere Buchungen dadurch verloren, weil potenzielle Kunden eine Frage hatten und jemand anderes sie schneller beantwortet hat, dadurch haben sie bei ihm gebucht!

Auch wenn es mitten in der Nacht sein sollte, bedenke, das eine einfache Nachricht zu beantworten für dich viel Geld bedeutet und Geld schläft nicht, so solltest du auch nicht :) Zumindest kurz aufwachen und die Nachricht beantworten!

Es gibt mehrere Gründe warum Gastgeber keine Sofortannahme einrichten. Entweder sind sie noch auf anderen Portalen angemeldet und müssen erst die Verfügbarkeit prüfen oder Sie wollen jeden Gast einfach mal abchecken ob er zu ihm passt.

Sobald eine Benachrichtigung über eine mögliche Buchung reinkommt, solltest du das gleiche wie mit einer Nachricht tun: **Sofort beantworten!**

Wenn du bei anderen Portalen angemeldet bist, dann checke sofort deine Verfügbarkeit und schränke Sie bei den anderen ein. Im Kapitel "Management" wirst du etwas über Listen lesen, diese werden dir helfen!

Wenn du dir erlauben kannst, auszusuchen, wer bei dir schlafen soll, dann herzlichen Glückwunsch, du bist wohl schon reich!

In jedem anderen Falle sage ich dir: **Nehme jede Buchung an!**

Es ist bares Geld, welches dir ansonsten durch die Lappen geht.

Die einzige Ausnahme warum du eine Buchung nicht sofort annehmen solltest ist folgende: Schaue auf den Gast, der eine Anfrage gesendet hat und schaue auf die Bewertungen, die er gegeben hat! Wenn du Zweifel haben solltest, weil der Gast regelmäßig schlechte Bewertungen verteilt, dann kannst du die Buchung ruhigen Gewissens ablehnen.

Ich lasse jede Buchung sofort zu!

Begründung

Ich habe eine absolut korrekte Beschreibung meiner Unterkünfte und biete meinen Gästen einen wundervollen Aufenthalt, ich fürchte mich daher nicht vor schlechten Bewertungen! Andererseits bin ich mit meinen Unterkünften auch ausschließlich bei Airbnb...

Sollte ich bei der Buchung eines Gastes, im nachhinein sehen, ich habe einen kleinen Querulaten oder vielleicht sogar einen möglichen "Erpresser" vor mir, also jemand der mehr für sein Geld haben möchte, wie kostenlose Übernachtung oder Frühstück etc. (ja das habe ich erlebt und andere Gastgeber auch). Dann versuche ich alles in meiner Macht stehende zu tun, damit dieser Gast zufrieden ist, und bis jetzt hat es immer geklappt.

Nein, ich beuge mich nicht und krieche vor meinen Gästen nicht zu Kreuze, aber ich bin mit allen meinen Unterkünften bei einer Auslastung von 95%- das ganze Jahr über! Und ich habe ausschließlich positive Bewertungen.

Ja, ich gebe mir sehr viel Mühe, aber bin ich nur noch auf Reisen und finanziere mein Leben durch Airbnb!

Wie auch du eine sehr hohe Auslastung erreichst, verrate ich dir später!

Stornierung

Wenn eine bereits gebucht Vermietung von dir storniert wird, bezahlst du bei normalen Buchungen (und nach der dritten Sofortbuchung) Stornierung, sehr viel Geld, welches erst einmal wieder verdient werden muss und es erscheint in deinen Bewerungen ein automatischer Beitrag, dass storniert worden ist.

Des Weiteren werden in deinem Kalender die stornierten Tag als nicht verfügbar markiert.

Du kannst also nicht einfach jemanden stornieren, weil dir seine Nase nicht gefällt und jemand anderen nehmen!

Es gibt zwar mildender Umstände und Airbnb ist ziemlich Kulant, was das angeht, wenn dir das aber öfters passiert, dann wirst auch du die vollen Sanktionsgebühren bezahlen müssen!

Du kannst die automatische Stornierungs-Bewertung innerhalb von 14 Tagen kommentieren, und schreiben, dass du z.B. einen Wasserschaden hattest, aber gut, sieht es in keinem Fall aus!

Außerdem

- Du kannst nach einer Stornierung innerhalb eines Jahres auch kein "Superhost" mehr werden!
- Dein Gast muss sich wieder auf die aufwendige Suche nach einem neuen Gasgeber machen!

Vermeide daher um jeden Preis, bereits gebuchte Vermietungen zu stornieren.

Was tun, wenn du doch mal stornieren musst?

Es kann hundert Gründe geben, warum du eine Buchung stornieren musst: Wasserschaden, Feuerschaden, kein Wasser, keine Lieferung des neuen Bettes, aber das Alte hast du schon weggeschmissen etc..

STORNIERE NICHT!

Begründung

Du kannst deine Gäste immer noch in einem Hostel, Hotel oder bei einem anderen Gastgeber einquartieren (auf deine Kosten). Diese Möglichkeit ist immer besser als eine Stornierung! Vielleicht wird deine Bewertung dazu nicht mehr ganz so schön ausfallen, aber besser eine negative Bewertung, als eine Strafe von 100$ und ein Jahr lang kein Superhost mehr werden können!

Ich empfehle dir in einer Facbookgruppe deiner Stadt z.B: "Airbnb Tokio Hosts" beizutreten um dich in solchen Fällen mit anderen zu beraten oder zu helfen.

Was tun, wenn ich innerhalb von 24h die Buchung stornieren muss?

Wenn du keine Alternative für deinen Gast hast, dann kontaktiere sofort Airbnb!

Meine Empfehlung

Wenn du nicht stornieren möchtest, deinen Gast aber woanders unterbringen willst, dann kümmere dich dennoch um deinen Gast! Fahre ihn nach A bis Z, gehe mit ihm Essen und zeige ihm deine Stadt. Du solltest alles tun, damit er sich trotzdem gut fühlt und dir dennoch eine positive Bewertung hinterlässt.

Deine Antworten auf Nachrichten

Normalerweise bekomme ich auf Anfragen bei anderen Gastgebern immer eine Antwort und bin auch "meistens" zufrieden damit!

Aber ich habe festgestellt, dass ich mehr Buchungen mit folgender Methoden erreiche:

- Ich habe mehrere Standartantworten in einer Textdatei, die ich senden kann.Das erspart mir sehr viel Zeit, ich ersetzte einfach nur den Namen des potenziellen Kundens.
- Ich beginne meine Sätze immer mit: Vielen Dank,

dass du mir schreibst und dein Interesse an meinem Angebot!

- Ich beende meine Nachrichten immer mit: Vielen Dank noch einmal, viele Grüße, gute Reise und pass auf dich auf!

Wenn ich die Zeit habe, noch kurz auf das Profil meines potenziellen Kunden zu klicken und sehen, dass sie schon ein wenig herum gekommen ist, dann schreibe ich auch noch folgendes hinein: Wow, ich sehe du bist, ja schon gut herumgekommen, ich bin mir sicher in meiner Stadt/Gegend wird ist dir auch sehr gefallen. Falls du möchtest, kann ich dir viel verraten was man hier tolles und günstiges machen kann!

Oft entwickelt sich aus einer eigentlich kurzen Anfrage eine rege Konversation. Ich zeige wahres Interesse an meinem zukünftigen Gast und brenne darauf ihn endlich kennen zu lernen und ihm zu helfen!

Ich habe es noch nie gehabt, dass nach einer konkreten Anfrage für meine Unterkunft und meiner darauffolgenden Konversation, jemand nicht gebucht hat!

Beantworte alle Fragen so ausführlich wie möglich und fordere in deiner ersten Nachricht auch immer aktiv heraus, das der Gast sich nicht scheuen soll, dich jederzeit irgendetwas zu fragen!

Du kannst (dazu später mehr- ja das habe ich jetzt schon mehrmals geschrieben:)) die Konversation auch zugleich als kleines Verkaufsgespräch nutzen, wie das am besten Funktioniert und wie ich damit noch mehr Geld verdiene- DAZU SPÄTER MEHR :)

Weitere Tipps

Hinterlasse deine Telefonnummer, falls weitere Fragen auftauchen! Du weißt ja: Geld schläft nicht!

Bewertungen

Kommen wir zu dem wichtigsten Thema überhaupt!

Bevor du weiterliest, gebe ich dir einen wichtigen Hinweis: Achte immer auf deine Bewertungen und lese genau, was geschrieben wird. Kopiere den Text in eine Extra-Datei, damit du immer schnellen Zugriff daraufhast, du wirst am Ende des Kapitels feststellen, warum das wichtig werden könnten.

Der offensichtliche Grund, warum man positive Bewertungen braucht, ist natürlich der, dass die Gäste aufgrund dessen bei einem buchen.

Der andere nicht so bekannte Grund ist: Anbieter mit vielen positiven Bewertungen, bzw. mit guten Bewertungen erscheinen "meistens" immer in den oberen Suchergebnissen!

Ich schreibe "meistens", weil es nicht immer so ist, aber es hilft ungemein.

Als ich meine erste Bewertung von einem zufriedenen Gast bekommen habe, war ich völlig hin un weg. Klar, es hat gedauert bis der nächste Gast kam, aber der sagte mir, dass er sich aufgrund der positiven Bewertung für mich entschieden hat- na wenn das mal kein Glück ist!

Nein, ist es nicht! Es war harte Arbeit, denn mein erster Gast war eine junge Polin, die geglaubt hat, ich würde sie durchfüttern und ihr meine Stadt zeigen...

Zum Glück war sie mehrere Tage da, so konnte ich ihre falsche Erwartungshaltung ein wenig korrigieren, denn damals war (wie heute) Couchsurfing der aktuelle Trend und dort hat sie sich wohl immer ziemlich gut haushalten lassen...

Ich gebe zu, ich war nicht völlig aus dem Häuschen, als mir die junge Polin die Bewertung geschrieben hat, ich dachte eher, es wäre eine Aufwandsentschädigung. Aber eine positive Bewertung, ist eine positive Bewertung, richtig?

Wie schafft man es ausschließlich positive Bewertungen zu bekommen?

Es gibt so einiges dabei zu beachten, lies dir folgende Ratschläge aufmerksam durch und versuche sie durchzuführen, dann verspreche ich dir, wirst du keine negativen Bewertungen mehr bekommen.

1. Deine Beschreibung sollte absolut dem entsprechen, was die Gäste kriegen werden. Nicht übertreiben, lügen oder Katalogbeschreibungen anwenden wie die großen Reiseveranstalter.

2. Deine Profilbeschreibung über dich, deine Familie, deinen Lebensstil usw. Sollte der Wahrheit entsprechen. Schreibe nicht, dass du ein fürsorglicher Familienvater bist, wenn du dich jeden Tag mit deiner Frau fetzt und abends deine Saufkompanen kommen und ihr bis in tief in die Nacht, Karten spielt.

3. Verspreche nichts was du nicht halten kannst! Deine Gegend nicht so sicher ist und als Tourist fühlt man sich unwohl? Dann schreibe nicht, dass es supersicher und gemütlich auf den Strassen ist und man nichts zu befürchten hat.

4. Behandle deine Gäste als das was sie sind: Deine Gäste! Sei immer freundlich und hilfsbereit und wenn sie mal ganz verpeilt sind, dann helf ihnen auf den Weg, manchmal wundere ich mich auch wie weit es manche Mensche geschafft haben, ohne verloren zu gehen... :)

5. Frage rechtzeitig (lieber einmal mehr) ob alles ok ist, und wenn du das Gefühl hast, etwas stimmt trotzdem nicht, dann frage noch einmal nach. Viele Junge Menschen sind es nicht gewohnt offen ihre Meinung zu sagen, hilf ihnen dabei!

6. Beantworte jede einzelne Bewertung. Bedanke dich für den Aufenthalt und das die Person oder Personen so nette Gäste waren. Schreibe vielleicht noch eine kleine Anekdote über ein Erlebniss dazu wie zum Beispiel: "Bis zum nächsten Mal am Lagerfeuer :). Was auch immer das bedeutet, weiß kein Mensch außer du und der Gast. Aber

geteiltes Insiderwissen vermittelt vertrauen zueinander, das macht sympatisch!

Du musst unbedingt jede Bewertung beantworten! Der Gast macht sich die Mühe dir zu schreiben, dann solltest du auch ohne Verzögerung dir die Mühe auch aufbürgen. Warum sage ich bürgen? Weil es viele als Gastgeber es als das sehen!

Klar, der Gast ist weg, man hat seine Kohle, was will man denn noch voneinander? Diese Einstellung ist absolut falsch! Bleibe auch noch nach deinem Aufenthalt mindestens über die Bewertungen mit deinen Gästen in Kontakt!

7. Mit deinen Gästen Kontakt halten

Ja, das ist für viele noch Neuland, aber ich empfehle es dir aus mehreren Gründen:

Hast du ein gutes Verhältnis zu deinen Gästen, dann spricht doch gar nichts dagegen, sich über Facebook miteinander zu befreunden. Du kannst auch eine kleine Facebookseite über deine Unterkunft erstellen, die kannst du liken lassen und immer mal wieder Neuigkeiten posten. Ich habe Stammgäste die jedes Jahr wieder zu mir kommen, mit denen habe ich immer wieder Kontakt!

Wenn du eine Facbookseite hast, dann werden die Freunde von deinen Gästen auf die Seite aufmerksam, deine Gäste verlinken in ihrem Reiseblog vielleicht auf dich und wenn jemand eine Reise in deine Gegend plant, denkt er vielleicht an dich! So bekomme ich immer mal wieder Gäste!

Kleiner Trick um Airbnb bei deiner Werbung zu umgehen

Benenne dein Angebot genauso wie deine Facebookseite, z.B. "Casa Lucia in Guatemala". Dann sind zwar wertvolle Zeichen weg, aber eine Möglichkeit Werbung zu machen, denn bei solchen Namen, googeln die Menschen gerne mal, und dann wäre es doch toll, wenn Sie auf deine

Facebookseite mit den ganzen Likes, noch mehr Fotos und Neuigkeiten stoßen würden?

Die meisten deiner Gäste kommen wahrscheinlich nicht aus deinem Land. Du kannst ihnen anbieten bei Problemen auf der weiterreise weiter zu helfen! Ja, das mag für den einen oder anderen Gastgeber zuviel des Guten sein, aber bedenke: Es zahlt sich irgendwann aus!

Du wirst wohl kaum eine Facebookfreundschaft mit jemanden beginnen, der Abends kommt und Morgens gleich wieder weg ist, aber die meisten freuen sich, Menschen aus aller herren Länder unter ihren Freunden zu haben!

Merke

Mit dem Kontakt halten zeigst du deinen Kunden: Du bist mir nicht egal, du warst nicht nur hier um mir Kohle zu bringen!

Du kennst das doch mit Onlineshopping oder anderen Portalen?! Da bekommt man doch auch ständig E-Mails die lauten: Hallo Steven, du warst schon lange nicht mehr hier! :)

Kleiner Tipp

Wenn deine Gäste nach 10 Tagen immer noch keine Bewertung abgegeben haben, schreibe ihnen doch eine sehr freundliche Nachricht, dass du dich sehr freuen würdest, wenn sie es tun würden!

Manche Gäste sind einfach nur im Stress, vergessen es oder wissen nicht wie wichtig es für dich ist.

Teil 2

Frage aktiv nach einer Bewertung!

Nicht jeder Gast gibt auch eine Bewertung ab, lasse dir eine positive Bewertung nicht entgehen! Wenn du weisst, dass dein Gast zufrieden war, dann frage freundlich danach!

Teil 3

Der einfachste Weg für eine positive Bewertung:

Prävention! Du musst schon im Vorfeld wissen, was bei dir nicht optimal ist und gegensteuern!

Wenn du kein tolles Bett hast, dann schreibst du es natürlich nicht hinein, und wenn der Gast sich darüber beschwert, dann sage ihm, dass er Recht hat und es dir leid tut, und sorge sofort für Abhilfe!

Selbst wenn ein Gast, deiner Meinung nach etwas Belangloses kritisiert, und du der Kritik keine Beachtung schenkst, dann wird sich der Gast in der Bewertung darüber auslassen!

Jede Kritik oder Beschwerde über dein Angebot solltest du immer Todernst nehmen und als Anlass zur Verbesserung!

99 von 100 Menschen wollen mit ihrem Feedback nichts anderes als helfen! Sie freuen sich, wenn Verbesserungen aufgrund ihrer Meinung geschehen!

Siehe Kritik und Feedback als das an was es ist: Eine Möglichkeit sich zu verbessern!

Teil 4

So antwortest du auf eine negative Bewertung

Eine Bewertung muss nicht immer total negativ sein, es kann auch einzelne Passagen treffen. Jetzt kommt es darauf an auf folgende Art und Weise zu antworten:

- Rechtfertige dich niemals!
- Keine Ausreden, niemals!
- Greife niemals einen Gast in deinem Kommentar an!
- Bewerte niemals negativ zurück!

Kennst du den Spruch "getroffene Hunde bellen"?

Wenn du mit deinem Kommentar zeigst, dass du dich ungerecht bewertet/behandelt fühlst, fällt es immer negativ auf dich zurück.

99% der Bewertungen die du erhalten wirst, entsprechen der Sicht des Gastes, und der Gast hat immer Recht!

Im Klartext

Es spielt keine Rolle ob die ganze Bewertung oder nur ein Teil negativ ist, du bedankst dich sehr freundlich für die Bewertung und die hilfreichen Vorschläge (falls der Gast einen oder mehrere gemacht hat) und versprichst es so schnell wie möglich in Ordnung zu bringen, bzw. Teilst in deinem Kommentar mit, dass diese Unannehmlichkeit schon repariert sei (z.B. Kein warmes Wasser in der Dusche).

Potenzielle Kunden gucken IMMER auf die Bewertung und wie viele Sternchen erreicht sind, wenn Sie glauben dass ein halber Stern Abzug trotzdem einen Blick wert ist, dann werden Sie sehr aufmerksam die Bewertungen durchlesen!

Und auch anhand deiner Antworten werden sie entscheiden, dir eine Chance zu geben oder nicht.

Bewertungen beantworten allgemein

Um Himmels willen, verfasse bitte niemals irgendwelche Standardtexte für Bewertungen wie es z.B. viele Hotels machen. Es ist auch nicht schön, wenn du jedesmal " Geile Gäste, Aussergewöhnlich tolle Erfahrung" hineinschreibst.

Auch wenn ich es in einem späteren Kapitel empfehle, Standard Texte zu schreiben, so gillt dies nicht für Bewertungen!

- Sei immer möglichst persönlich!

- Nenne den Vornamen
- Bedanke dich und drücke aus, dass du dich auf ein nächstes Mal freust!

Die geheimen Kommentare

Deine Gäste können dir sehr hilfreiche Kommentare hinterlassen welche nicht in den offiziellen Bewertungen auftauchen. Sei es die Anregung für ein Moskitonetz, sauberere Bettlaken oder der nette Hinweis, das Autoradio in der Garage nicht anzulassen.

Niemals, aber auch bitte niemals, sei auf solche Kommentare sauer und denke- das hätten die mir auch vor Ort ins Gesicht sagen können... Hab ich alles schon erlebt, da wurde ich auf einmal angerufen und zur Schnecke gemacht, wie frech das doch gewesen wäre, tja, diese Unterkunft werde ich nicht mehr Buchen...

Sei also alles andere als beleidigt, wenn ein Gast sich nicht getraut oder einfach nur zu höflich war, dich auf kleine "Verbesserungen" aufmerksam zu machen.

Kritik bzw. Feedback solltest du IMMER als Verbesserungsmöglichkeit und niemals als persönlichen Angriff sehen und bringt dir unter uns gesagt, mehr als 10 solcher Bücher!

Was tun, wenn du noch keine Bewertung hast?

Es gibt zwei Möglichkeiten:

Du lässt dir eine Referenz ausstellen, gehe auf der Airbnb Webseite oben rechts auf "Hilfe" und gebe dort "Referenz" ein. Dort kannst du nachlesen, wie du eine Referenz erhalten kannst.

Die zweite Möglichkeit ist legal, aber für manche Menschen, vielleicht ein wenig moralisch bedenklich und dennoch eine sehr gute Methode deine ersten Bewertungen zu bekommen:

Ein oder mehrere Familienmitglieder, Freunde oder Bekannte können sich bei Airbnb anmelden und dann eine Nacht bei dir übernachten. Natürlich muss das auch bezahlt werden. Das Geld für die Unterkunft und den Servicebeitrag, kannst du ja deinen Leuten wiedergeben. So kommst du schnell an ein paar Bewertungen.

Achtung: Dieser Tipp fordert nicht zum Betrug heraus, wenn du damit moralische Einwände hast, dann lasse es ruhig bleiben. Aber wenn deine Unterkunft und deine Leistung gut ist, spricht nichts dagegen, auch ein wenig "Marketing" zu betreiben.

Warum du Gäste nicht bestechen solltest, um gute Bewertungen zu bekommen!

Deine Gäste können dich erst nach einem Tag nach dem sie ausgecheckt haben, bewerten, und haben dann auch nur 14 Tage Zeit dazu.

Ich weiss, dass nicht jeder Gast eine Bewertung abgibt und viele im Stress es nicht schaffen... Wie ich schon empfohlen habe, kannst du ruhig danach fragen, aber bitte besteche niemals deine Gäste, dies kann dir sehr negativ ausgelegt werden...

Kleiner Fallstick, wenn Gäste dich bewerten

Ich hatte in einer Unterkunft einmal einen zusätzlichen Heizlüfter aufgestellt, weil es in der Nacht ziemlich kühl wurde, dies wurde von meinem damaligen Gast auch in der Bewertung, dankend erwähnt.

Ich muss dazu erwähnen, das ein Extra-Heizlüfter nicht in meiner Beschreibung enthalten war und direkt danach von mir wieder entfernt worden ist.

Leider hatte ich nicht damit gerechnet, das der nächste Gast, aber anhand dieser Bewertung schloss, es gäbe einen Extra-Heizlüfter in der Wohnung und mich am nächsten Tag fragte, wo er ihn den finden würde...

Mein Tipp

Gib acht darauf, was du deinen Gästen bietest, du musst sie alle gleich behandeln :)

Wenn du wie ich z.B. einen Heizlüfter hast, obwohl er nicht in der Beschreibung steht, er während des Aufenthaltes eines Gastes kaputt geht oder du ihn entfernst, dann solltest du auf jeden Fall einen Neuen kaufen, falls dies in den Bewertungen steht.

Was tun, wenn Gäste überhaupt nicht zufrieden sind oder ein unlösbares Problem auftaucht?

Ich wurde einmal in Peru von einem Gastgeber abgeholt und in das Haus gebracht, indem ich eine Woche lang wohnen sollte.

Leider hatte der Vermieter eine Putzfrau die an dem Tag nicht zur Arbeit erschienen ist und ihm auch nicht Bscheid gegeben hat. Unnötig zu sagen, das dies für beide Seite ein Fiasko war. Soll ich sagen, was passiert ist? Er hat mich in einem 5 Sterne Hotel untergebracht und mich am nächsten Tag abgeholt. Die Unterkunft war perfekt sauber und ich musste keinen Cent bezahlen!

Natürlich habe ich ein wenig gegeben, den Vorfall nicht in den Bewertungen erwähnt und ihm eine sehr gute Bewertung hinterlassen.

Was aber, wenn es dir als Gastgeber passiert (und ähnliches wird passieren).

Egal, ob die Unterkunft nicht sauber ist, dein Gast Stundenlang auf den Schlüssel warten musste oder er irgendwie völlig unzufrieden ist?

Abgesehen davon, dass du dich bei deinem Gast entschuldigen solltest*, empfehle ich bei großen Problemen immer auch, einen Teil des Geldes zu erstatten, es muss nicht die ganze Summe sein, aber je nach Härte, einen angemessener Teil.

*Du entschuldigst dich nicht dafür, das du es warst oder deine

Mitarbeiter, sondern du sagst, dass es dir leid tut, das dein Gast so eine Unannehmlichkeit wiederfahren ist.

Ansonsten gibt es immer noch das Mediationscenter von Airbnb, dort solltest du dann Kontakt aufnehmen.

Anmerkung

bei dir läuft alles korrekt und du hast das Gefühl, das deine Gäste einfach nur Geld wiederhaben wollen, also eine bewusste Masche ist? Dann lasse dich nicht darauf ein! Lasse dich nicht erpressen! Biete eine ganz normale Stornierung oder das Mediationscenter von Airbnb an.

Ist es wirklich nur eine Masche? Dann versuche andere Gastgeber deiner Gäste zu kontaktieren, um herauszufinden ob es Methode hat, vielleicht ist das ja deren Methode, überall sehr günstig zu wohnen?

Bedenke

Solche Gäste gibt es nicht sehr oft, evtl. Fährst du besser damit, dich ihnen ein wenig zu fügen, als das du eine negative Bewertung kassierst, die dich durch nichtgebuchte potenzielle Kunden wiederum viel Geld kostet.

Tipp

So etwas passiert immer wieder, melde diese Gäste bei Airbnb!

Bei dir stimmt alles, du bist dir keiner Schuld oder einem Fehler bewusst, und trotzdem sind deine Gäste nicht zufrieden?

Manchmal kommt es vor, dass sich deine Gäste einfach etwas ganz anderes vorgestellt haben. Du kannst natürlich nichts dafür, wenn sie sich vorher nicht genau über deine Gegend, die Preise oder sonstwas erkundet haben, aber du solltest genau hinhören, was deine Gäste beanstanden.

Vielleicht liegt es an deinen Fotos, die die Wirklichkeit verdrehen, oder in deiner Beschreibung stimmt etwas nicht.

Meine Empfehlung

Du kannst nicht in deine Gäste hineinsehen, also frage sie! Frage genau nach, was sie als störend empfinden und was du vielleicht ändern kannst!

Kleines Beispiel

Deine Unterkunft liegt an der Strasse und in der Beschreibung hast du auch nichts von einer ruhigen Unterkunft beschrieben, keine Fotos von der Strasse hineingestellt oder erwähnt das die Unterkunft direkt neben einer Strasse liegt. Nun kommen deine Gäste zu dir und beschweren sich darüber, dass es so laut ist, und in der Beschreibung und den Fotos nichts darüber stand!

Natürlich nicht! Wer schreibt denn in seine Beschreibung: Liegt schön dicht an einer lauten Hauptstrasse! Keiner, aber du kannst trotzdem dann verstehen, warum deine Gäste unzufrieden sind, oder?

Wie im Kapitel "Beschreibung" schon erwähnt, solltest du absolut ehrlich sein! Dazu gehört vielleicht auch, das du hineinschreibst, dass es direkt neben einer Strasse liegt!

Begründung

Du glaubst vielleicht, dass dann weniger Gäste bei dir buchen- das stimmt auch!

Bedenke aber: Eine Falsche oder ungenügend beschriebene Unterkunft kassiert schlechte Bewertungen, und das kostet dich, aufgrund abgeschreckter Gäste, noch mehr Geld, denn die werden erst recht nicht bei dir buchen!

Kleiner Tipp

Du hast schon viele Bewertungen? Dann nutze dies und schreibe dies in deine Titelzeile mit hinein, z.B: Ruhiges Studio/77Bewertungen/Fahrrad

Deine Gäste positiv beeinflußen

Folgendes Kapitel beinhaltet nicht, wie du deine Gäste hinters Licht führst, sie bestichst oder andere unschöne Methoden anwendest um positive Bewertung zu bekommen.

Die folgenden Seiten sind bewährte Methoden um deine Gäste zufrieden zu stellen, ihre Erwartungen zu übertreffen und dadurch positive Bewertungen zu bekommen.

Es kann durchaus sein, dass du nicht alles machen kannst, was ich hier aufführe. Versuche aber soviele Tipps wie möglich zu verwirklichen.

Befolge meine Empfehlungen bei der Ausstattung und du hast schon viel gut bei deinen Gästen!

- Stelle sämtliche Ausflugs und Tourmöglichkeiten zur Verfügung. Soll heißen: Besorge aus einem Touristeninformations-Zentrum alle möglichen Flyer und Auslagen für die Sehenswürdigkeiten in deiner Nähe.
Nimm eine gute Karte oder drucke sie aus. Markiere alle wichtigen Geschäfte, Vegetarische Restaurants, Bushaltestellen etc. Und füge, wenn nötig, eine kleine Beschreibung dazu ein.

Kleiner Tipp

Nicht jede Stadt ist sicher, es gibt Stadtteile die man als Tourist auch tagsüber meiden sollte. Zeichne das bitte in die Karte mit ein, das schafft Vertrauen, und zeigt, dass du um das Wohlergehen deines Gastes besorgt bist!

Bevor deine Gäste anreisen

- Markiere auf Googlemaps, deine genaue Position und mache davon ein Screenshot und schicke es ihnen
  Wenn das nicht geht, drucke eine Seite von Googlemaps aus, markiere die Position der Unterkunft und machen ein Foto, mit dem Smartphone oder Digitalkamera und schicke es deinen Gästen zu.
- Mache außerdem auch ein Foto von Google Streetview, falls vorhanden.
- Beschreibe den Namen der nächsten Busstation, den Names des Busses und der Route oder die Busnummer, die dein Gast nehmen muss. Beschreibe auch, an welcher Busstation dein Gast aussteigen muss.
- Beschreibe, wie offizielle Taxis aussehen und wie viel es maximal (auch für Touristen) kosten darf. Wenn deine Strasse auch für Taxifahrer nicht immer einfach zu finden ist, oder es Verwechselungsgefahr mit anderen Lokalitäten in deiner Stadt oder Gegend besteht, so schreibe deinem Gast auch auf, wohin dich der Taxifahrer genau bringen soll!

Begründung

Auf einem PC-Bildschirm sieht Googlemaps manchmal anders als auf einem Smartphone aus, genaus verhält es sich auch mit verschiedenen Navigationsapps. Außerdem sind viele Informationen im Internet über Busstationen fehlerhaft, veraltet oder nicht in der Sprache deiner Gäste, bzw. Sie können es nicht lesen. Der Googelübersetzer ist leider nicht immer so gut.

Je genauer du deine Adresse und den Weg zu dir beschreiben kannst, desto angenehmer für deinen Gast! Viele kommen aus anderen Ländern, fühlen sich am Anfang oft hilflos und sind für jede Hilfe dankbar!

Du holst deine Gäste ab?

Wunderbar, dann beschreibe ihnen genau, wie du aussiehst, oder welche Klamotten du anhast, deine Autofarbe etc. Gleiches verlange auch von deinen Gästen, damit es einfacher geht.

Kleiner Tipp

Nachdem du eine Buchung erhalten hast, sende deinen Gästen sämtliche Informationen in einer PDF Datei zu. So haben Sie schon einmal die Gelegenheit sich in alles einzulesen.

- Besorge eine Simkarte mit Internettarif- diese kostet in fast keinem Land mehr als 5€. So ist dein Gast sofort erreichbar, hat Internet auf dem Handy und falls was wichtiges ist, kannst du ihn anrufen! In der Regel besitzen deine Gäste ein Handy ohne Simlock, wenn nicht, dann stelle doch Eins zur Verfügung- gegen eine kleine Gebühr natürlich...
- Drucke einen Zettel aus, auf dem alle wichtigen Telefonnummern anthalten sind: Taxifahrer, Busunternehmen, Flughafen, Polizei, Feuerwehr, Pizzadienst, Lieferdienste allgemein, Krankenwagen etc. Gehe noch einen Schritt weiter und schreibe auch die Telefonnummern von den großen Kreditkarten Instituten auf, bei welcher man Internationale seine Nummer sperren lassen kann.

- Falls du WIFI anbietest (und das solltest du), und es verschlüßelt ist, dann schreibe den Namen des Netzwerkes und das Passwort in Druckbuchstaben, sehr deutlich auf (oder noch besser: Ausdrucken) und lege den Zettel an einen gut sichtbaren Ort.
- Falls du deinen Gästen etwas besonderes bieten möchtest, dann besorge dir Apple TV oder den Amazon Firestick, dazu richtest du noch ein Netflixkonto ein! Du kannst es selber nutzen und ein oder mehrere Gastkonten erstellen. Ich biete es für meine Gäste nicht an, finde es aber jedesmal fantastisch, wenn eine Unterkunft in der ich bin, so etwas hat. Auf englischer Sprache einrichten und der Spaß kann beginnen!

Kleiner Tipp dazu: Lasse deine Zugangsdaten für Netflix oder andere abonnierte Dienste nirgendwo liegen.

- Wenn du AppleTV oder so anbietest, aber kein Netflix, dann hast du zumindest Youtube. Schreibe einen kleinen Zettel auf den steht "Für ganze Filme auf Youtube einfach "ganzer Film" eingeben. So findet man auch auf Youtube gute Filme.
- Wie wäre es mit einem Home Theatre? Beamer und Leinwand, Sky TV, Telefon usw?
- Stelle zumindest eine WC-Papier Rolle zur Verfügung.
- Lege eine Flasche Wasser und eine Packung Nüsse in den Kühlschrank und versehe sie mit einem kleinen Zettel wo "Willkommen" draufsteht.
- Du bist in Strandnähe? Stelle Schnorcheequipement zur Verfügung.

- Je nachdem wie du es dir leisten kannst, bzw. in höherpreisigen Unterkünften ein Muss: Erste Hilfe Set, Rauchmelder, Feuerlöscher, Klimaanlage, Alarmanlage, 24hNotruf
- Biete die Möglichkeit an, deine Gäste vom Flughafen, Busstation, Innenstadt oder ähnliches abzuholen. Natürlich geht dies nicht, wenn der nächste Flughafen zu weit weg ist. Selbstverständlich kannst du dafür ein kleines bischen Geld verlangen, dies sollte jedoch höchstens deine Unkosten decken! Was nichts kostet ist auch nichts Wert! Lasse dich nicht als gratis Taxifahrer einspannen!
- Je nachdem wie weit du vom nächsten Ort, Supermarkt oder so entfernt bist, biete gegen kleines Geld an deine Gäste hin und her zu fahren. Dies geht natürlich nicht immer, ist aber eine Überlegung wert.
- Worüber freut man sich als Mann ganz besonders? Genau, über einen Sixpack Bier im Kühlschrank :)
- Wenn deine Gäste eine ganze Woche bleiben, dann lade am vorletzten Abend der Abreise auf ein Bier, Wein oder kleinen Snack, oder Abendessen ein. Nicht immer hat man ständig und täglich Kontakt zueinander, und so gibt es dir die Gelegenheit noch einmal deine Gäste kennen zu lernen.

Kleiner Tipp

Auch wenn deine Gäste, gerne etwas über Land und Leute, über dich und deine Familie erfahren wollen- heißt es immer noch: Wer fragt, der führt!

Menschen hören gerne ihre eigene Stimme und erzählen gerne von sich, frage also viel und höre aufmerksam und interessiert zu, stelle ab und zu Fragen.

- Solltest du Handtücher anbieten (zumindest eines sollte schon sein) dann biete auch an, es jederzeit (aber nicht jeden Tag) zu waschen.
- Vielleicht hast du ja einen Beruf, der es erlaubt, deine Gäste mal mitzunehmen? Bauer, Plantagenarbeiter, Tourguide oder Ähnliches? Das ist bestimmt ein einmaliges Erlebnis für deine Gäste. Achte jedoch darauf, das dein Chef (außer es ist vielleicht dein Geschäft) damit einverstanden ist.
- Du lebst in einem Land, in dem es viele Ameisen und Ungeziefer gibt? Dann sei doch ein unglaublich toller Gastgeber und sorge für Mückenspray oder Steckdosenmittel.
  Außerdem freuen sich viele "Kleinviecher" über Abfälle! Ich habe mal bei einem Gastgeber eine absolut perfekte Lösung gefunden und wende sie bei mir auch an: Stelle keinen Mülleimer auf den Boden, sondern konstruieren eine kleine Kunstruktion, das der Mülleimer oder die Plastiktüte in der Luft hängt! Es muss ja nicht in Kopfhöhe hängen, aber du wirst dann keinerlei Probleme mehr mit Tierchen haben, die sich über den Mülleimer hermachen!

Es kann sehr heiß werden bei dir?

Dann bereite deinen Gästen doch mal eine kleine Überraschung: Kaufe einen kleinen aufblasbaren Pool und fülle ihn mit Wasser. Kein Kinderpool, sondern so einen blauen mit dicken Wänden, der kostet nicht viel und kannst ihn immer wieder verwenden. Deine Gäste können drinnen baden oder sich die Füße kühlen, auf jeden Fall eine nette kleine Überraschung.

Für die Ultimative Gästezufriedenheit: (Geheimtipp)

1.Versuche Anhand von den Informationen deiner Gäste (Soziale Netzwerke und Bewertungen von den Gästen, welche sie von anderen Unterkünften gemacht haben) herauzufinden, was sie gut und was sie schlecht fanden. Dementsprechend kannst du dich vielleicht (entsprechende Informationen vorausgesetzt) daran orientieren und ihnen den Aufenthalt noch fantastischer gestalten!

z.B: Sie wurden irgendwo mal bei der Anreise mit Bier begrüßt und fanden es toll? Dann mach es auch!

Sie hatten irgendwo mal kein Internet? Sorge unbedingt dafür, dass dein Internet einwandfrei funktioniert!

2.Zwei Tage bevor deine Gäste anreisen, schreibst du ihnen folgendes als Nachricht:

um deinen Aufenthalt so angenehm wie möglich zu gestalten, habe ich ein paar Fragen an dich, es wäre fantastisch, wenn du dir die Zeit nehmen könntest mir sie zu beantworten:

Beispielhafte Fragen;

- Trinkst du gerne Kaffee?- Wenn ja, dann stelle eine Kaffemaschine mit Tabs auf, und sorge für mindestens 2 Tabs am Tag in verschiedenen Geschmacksrichtungen!
- Magst du dein Zimmer in der Nacht lieber warm oder kalt? Stelle Ventilatoren auf oder sorge für eine gute Heizung/Heizlüfter.
  usw.

Ich stelle meinen Gästen nicht mehr als 5 Fragen. Diese Fragen sind ganz speziell auf meine Unterkunft geschnitten. Ich habe z.B: in einer meiner Unterkünfte einen kleinen Plastikpool 2mx2m, den ich bei großer Hitze rausholen kann. Beantwortet mir also ein Gast die Frage, ob er gerne in den Pool steigt, dann stelle ich den Pool auf für ihn.

Der Gast sieht dann anhand deiner Reaktion der Fragen, dass du dich um ihn kümmerst und dir sehr viel Mühe damit gibst, wow was für ein Bonus oder?

Anmerkung

Du kannst deine Aktionen, also die Beantwortung der Fragen dazu nutzen, ein paar Dinge anzubieten, die nicht in deiner Unterkunftsbeschreibung stehen. Zum Beispiel habe ich standardmäßig gar keine Kaffeemaschine stehen :)

- Wenn du eine Waschmaschine hast, dann kannst du gegen kleines Geld die Wäsche waschen. Damit kannst du ein wenig Geld dazu verdienen und machst deinen Gast glücklich. Verlange pro Waschmaschine nicht mehr als 5€. In vielen Ländern kann ich dafür meinen ganzen Rucksackinhalt dreimal waschen lassen.
- In den Hausregeln solltest du hineinschreiben (und auch tun, also desinfizieren), dass nach jeder Vermietung, alles desinfiziert wird, um Milben, Läusen etc. Keine Chance zu geben! Das kommt sehr gut an und schafft Vertrauen.

Abschiedsgeschenk

Deine Reisenden haben eh nur sehr wenig Platz und zuviel Gewicht im Rucksack, schenke daher als nur etwas sehr leichtes und kleines. Ein Brief, eine Postkarte ein Armband, solche Dinge sind leicht und lassen sich gut verstauen und für später als Erinnerung in der Wohnung hinstellen.

- Wenn du einen Taxifahrer kennst, den du dann logischerweise vertrauen kannst, dann biete an ihn zu kontaktieren, falls deine Gäste mal irgendwohin wollen.

Sei für wichtige Dinge 24h erreichbar. Vielleicht ist ja mal mitten in der Nacht die Toilette verstopft :)

- Solltest du nicht selber vor Ort sein, so sorge für eine absolut zuverlässige Person. Ich hatte es einmal, da musste ich den Schlüssel für die Unterkunft in einer Aphoteke abholen (was wäre, wenn ich nach Ladenschluss angereist wäre?) und hatte "ungelogen" eine Wegbeschreibung auf einem Kassenzettel... Ich war dort nur ein paar Tage und es war unschlagbar günstig, aber auch wenn ich positiv bewertet hatte (Die Unterkunft war der pure Hammer), so würde ich das doch nicht noch einmal buchen!
- Wenn deine Gäste öfters länger bleiben, dann stelle Putzmittel zur Verfügung, außer du bietest es an, gegen kleines Geld zu reinigen.

Ein ganz wichtiger Tipp, der hoffentlich völlig überflüßig ist

Niemals, aber auch wirklich NIEMALS biete deinen Gästen Drogen an! Auch wenn es mal jemand gut mit mir meinte und seinen Joint mit mir teilen wollte, so habe ich weder den Joint noch die Unterkunft genommen...

Du stellst fest, dass deine Gäste Drogen nehmen? Dann beende sofort die Zusammenarbeit und kündige deinen Gästen! Ich meine dass wirklich ernst! Schmeiße Sie von deinem Grund und Boden so schnell wie möglich runter.

Ob du die Polizei ruftst, halte ich, zumindest für Marihuana für ein wenig übertrieben. Sicherlich würde ich aber anderes darüber denken, wenn ich Kinder hätte und das ganze in meinem Haus stattfinden würde! Es obliegt deiner persönlichen Entscheidung.

Nicht nötig zu erklären, dass in vielen Ländern eine hohe Gefängniss Strafe bei dem Besitz von Drogen gibt. Stell dir mal vor, deine Gäste werden außerhalb mit Drogen erwischt und dann durchsucht man dein Haus und findet etwas?! Vielleicht haben diese Junkies ja vorsichtshalber ihre Drogen nicht in ihrem Rucksack sondern unter deiner Küchenspüle versteckt?!

Fazit: Finger weg, in jeglicher Hinsicht!

Kleiner Tipp

Mache es doch mal wie die großen Hotels: Erstelle einen kleinen Fragebogen und leg ihn auf das Bett. Auf dem Frageboge stellst du fragen wie: Hat es dir bei uns gefallen? Würdest du wiederkommen? Würdest du meine Facebookseite liken, etc.? Unten auf den Zettel könnte stehen: Ich würde mich sehr freuen, wenn du an deinem Abreisetag diesen Zettel ausfüllst!

Falls du keinen Kontakt zu deinem Gast hattest, oder keine Gelegenheit hattet miteinander zu reden, ist dies für Airbnb zwar eine unkonventionelle, aber für dich unglaublich wertvolle Hilfe.

Über den Strang schlagen!

Ich gehe jetzt nochmal einen Schritt weiter und gebe dir einen Tipp wie du deine Gäste "Happy as Hell" machen kannst.

Folgendes muss natürlich in die Planung der Gäste und in Deine passen:

Wenn dir sicher bist, nach deinen aktuellen Gästen, keine weiteren Gäste zu haben, dann biete an, für die Hälfte des Airbnb Preises weiterhin zu übernachten!

Für BWL'er ein Albtraum ja, aber aus Sicht des Gastes ein Glücksfall. Ich habe das am Anfang oft angewandt, denn anders wie ein Hotel, habe ich mit Airbnb Gästen sogut wie keine Ausgaben!

Du hast doch sowieso keine Buchung, also nimm was du kriegen kannst!

Sei dir aber bewusst, dass wenn du deine Gäste für, sagen wir mal, eine Woche für die Hälfte des Preises weiterhin behälst und du es nicht in deinem Buchungskalender vermerkst, und Buchungen reinkommen, so kannst du deine Gäste nicht einfach rausschmeissen!

Schwierige Gäste

Ich habe schon ein wenig darüber geschrieben, aber manchmal hast du einfach "Arschlochgäste"...

Sie buchen dein kleines Zimmer für 10€ die Nacht, bekommen Wasser und Nüsse, eine Simkarte und WC-Papier, haben alle in diesem Buch beschriebenen Annehmlichkeiten und sind trotzdem unzufrieden...

Was ist ein schwieriger Gast?

- Sie fragen dich, ob es noch mehr Wasser oder Nüsse gibt.
- Sie halten sich nicht an die Hausregeln.
- Sie sind laut und schlagen mit den Türen.
- Sie rauchen im Zimmer.
- Sie fragen dich ständig, ob du sie wohin fahren kannst.
- Sie fragen, ob du ihnen nicht Rabatte bei Sehenswürdigkeiten besorgen kannst.
- Sie behaupten die Fotos seien alle gar nicht richtig und die Beschreibung stimmt nicht.
- Sie haben allene oder zu zweit reserviert und wollen noch jemanden mitbringen.

Ich habe zwar in vorherigen Kapiteln gesagt: Der Gast hat immer Recht, aber wir alle wissen, das dies auch Grenzen hat.

Leider kann man sich seinen Gästen nicht immer entziehen, sei es, weil man selber in der Wohnung oder dem Haus wohnt oder sich andere Gäste über sie beschweren.

Bei Rauchen in einer eigenen Wohnung drücke ich nochmal ein Auge zu, besonders wenn es draußen grad Arschkalt ist, aber wenn sich meine Nachbarn beschweren, weil die Musik so laut ist oder der Abfall vor der

Haustür vergammelt, dann muss ich einschreiten.

Erscheine nicht mit einem "Dampfhammer", schreie oder drohe deinen Gästen nicht: "Ich schmeisse euch raus", wenn sie dieses oder jenes Verhalten nicht einstellen. Mache ihnen aber mit einem ernsten Ton klar, dass sie sich an die Hausregeln und allgemeingültige Regeln zu halten haben.

Erkläre ihnen genau, welches Verhalten falsch war und das du erwartest, dass es aufhört. Du kannst auch erklären, dass du keinen Ärger mit deinen Nachbarn haben möchtest. Deinen Gästen können deine Nachbarn zwar egal sein, dir sind sie es aber wahrscheinlich nicht...

Folgender Tipp

Jedesmal, wenn du glaubst, dass ein Verhalten nicht gut war, gehe wieder zu deinen Gästen und rede mit Ihnen. Je mehr du nervst und ihnen auf die Finger klopfst, desto wirksamer ist es.

Sie werden es irgendwann leid, wenn du jedesmal wieder an die Tür klopfst und Besserung forderst :)

Deine Gäste abchecken

Deine Gäste sind fast alle in unterschiedlichen Netzwerken vertreten und du kannst nach ihnen Googeln und sie suchen.

Du musst dich immer in diesen Netzwerken anmelden um andere Mitgliederprofile vollständig sehen zu können. Nicht jedes Profil ist immer einsehbar, aber wenn du ein bischen herumforscht, kannst du meist schon sehen, mit wem du es zu tun hast.

Lasse dich nicht unbedingt davon beeinflußen, wenn jemand ein paar Partybilder von sich bei Facebook postet, das bedeutet nicht gleich, dass du mit diesen Gästen Ärger haben wirst. Auch Religionszugehörigkeit, Hautfarbe oder Nationalität sollten für dich keine Rolle spielen.

Immerhin sind es alle Zahlende Gäste, und du hast ja immer noch die Hausregeln und kannst deine Gäste meistens ja auch vor Ort kennen lernen.

Gäste drohen dir mit einer negativen Bewertung

Dies ist ein heikler Fall, denn mit jeder negativen Bewertung wirst du potenzielle Kunden verlieren.

Lasse dich aber davon aber in keinster Weise beeindrucken. Solltest du dir keiner Schuld bewusst sein und du weißt, du hast einen "Arschlochgast" vor dir, der- warum auch immer- dir mit einer negativen Bewertung droht: Dann schmeiß ihn raus!

Ja, du solltest dir das in keinem Fall gefallen lassen. Denn ebenso, kannst du auch negativ bewerten. Hast du bis dahin schon positive Bewertungen, so werden sich potenzielle Kunden diese negative Bewertung zwar durchlesen, aber auch deinen Kommentar dazu.

Du kannst natürlich deinen Gast auch verwarnen, dass du dir so ein Verhalten nicht gefallen lassen musst, und du ihn sofort rausschmeissen und zur Not die Polizei rufen kannst, dann wird er schon klein beigeben.

Wir alle wissen, es kommt nur äußerst selten zu so einem Fall, und je nachdem wie legal du deine Vermietung bestreitest, willst du wahrscheinlich nicht, dass die Polizei bei dir auftaucht...

Meine Empfehlung

Falls du deinen Gast wirklich vor die Tür setzt, musst auch du unter Umständen damit rechnen, dass er die Polizei ruft. Denn das Airbnb Vermieter nicht immer legal handeln, das wissen deine Gäste auch. Lasse es lieber nicht drauf ankommen, selbst wenn bei dir alles korrekt abläuft.

Stehe die Zeit durch, wenn es geht und, falls du das gefühl hast, dass er dich negativ bewerten wird, dann listet du in deiner Bewertung einfach sachlich auf, warum du "das erste Mal" in deinem Leben einen "Gast" vor die Tür setzten musstest.

Stammgäste

Meine liebste Kategorie!

Sie kommen immer wieder, bringen wieder Geld mit und die "Meisten" sind absolut unkompliziert!

Die meisten meiner Stammgäste kommen ein bis dreimal im Jahr, also nicht sehr häufig. Ich habe aber auch Gäste die einmal alle zwei Jahre kommen.

Um deine Stammgäste oder allgemein, alle wiederkehrenden Gäste zu überraschen, empfehle ich dir ein kleines Extrabuch oder eine Textdatei anzufertigen.

In diesem kleinen Buch, kannst du Stichpunkteartig hineinschreiben, was an diesem oder jenem Gast besonders war. Ob es Schwierigkeiten gab, oder du ihm beim nächsten Mal mit etwas besonderem überraschen kannst!

Ein kleines persönliches Beispiel

Ich bin Zigarrenraucher und liebe eine bestimmte Marke aus Italien und als ich einmal wieder nach Italien zu einer meiner Lieblingsunterkunft kam, gab es als Begrüßungsgeschenk meines Gastgebers eine "Special Edition" von meiner Lieblingssorte. Wow, ich war zu Tränen gerührt kann ich euch sagen!

Übertreffe die Erwartungen deiner Gäste und sie werden es dir wiedergeben!

Dein Gast hat für sich allein oder zu zweit gebucht, jetzt kommt auf einmal noch Jemand dazu!

Was ist, wenn dein Gast die dritte Person gar nicht so gut kennt? Vielleicht, ist diese Person gar nicht auf Airbnb?

Nichts ist schlimmer, als Chaoten deine Unterkunft ruinieren, sich gratis Gäste einladen (geht in Hotels auch nicht) und am Ende von nichts wissen... Du kannst unter Umständen später nicht beweisen, wer dir etwaigen Schaden zugefügt hat und hast vielleicht nicht einmal eine Adresse oder die vollständigen Namen aller Personen, die plötzlich bei dir genächtigt haben!

Glücklicherweise gibt es ja die Kautionsregel. Sollten spezielle Situationen wie diese mit dem zusätzlichen Gast öfters vorkommen, dann sichere dich einfach ab, indem du gleich die Höchstsumme von 500,- einstellst!

Bei mir kommt kein Gast in die Unterkunft, für den im Voraus nicht schon reserviert worden ist!

Es kann ja immer sein, das deine Gast jemanden kennen lernt, aber dann sollten die sich woanders austoben, und zwar da, wo sie dafür bezahlt haben!

Meine Empfehlung

Ich weiß, auch wenn die Gäste bereit sind für eine überraschend oder kurzfristig dazugekommene Person Geld bezahlen wollen, so überlege dir gut, wen du dir da ins Haus holst.

Ich mache es so: Jede Person, die in einer meiner Unterkünfte schläft, muss sich ausweisen, das bedeutet, vor mir oder meinen Mitarbeitern. Ich mache eine Fotografie und habe somit eine Handhabe, wenn etwas kaputt geht, ich die Polizei rufen, oder ich mal Kaution verlangen muss.

Was ist, wenn dein Gast eine kleine Affaire hat und diese in die Unterkunft mitbringen will?

Ich sage nein! Keine Affaire, keine Person kommt mir ins Haus, die ich nicht kenne, oder die sich nicht ausweisen kann. Wenn die Person allzu suspect ist, kann ich immer noch sagen, das es nicht geht! Schon gar nicht umsonst!

Was ist, wenn ich es erst am nächsten Tag herausfinde?

Dann gehtst du zu deinem Gast und fragst freundlich nach dem Geld, welches eine zusätzliche Person für eine Nacht kostet!

Begründung

Nichts ist umsonst, warum solltest du es also tun? Aus Gutherzigkeit? Nein, wenn du in einer Stadt, oder einer Gegend lebst in der so etwas ständig passiert, dann entgehen dir damit wichtige Einnahmen!

Anmerkung

Habe keine Angst, dass diese Person dir eventuell eine negative Bewertung gibt. Kläre solche eine Situation evtl. Von Anfang an klar-gerne auch in den Hausregeln verankern.

Ich habe keine Probleme mit meinen Gäste, denn ich hole mir die Ausweisdaten, lasse ganz normal bezahlen und bleibe immer äußerst freundlich, denn "Halleluja" es ist ein zahlender Gast! :)

Deine Familie kommt mit vollgeschissenen und vollgekotzten Klamotten und Bettwäsche zu dir!

Oh, man, es gibt schöneres oder?

Nochmal: du solltest immer deine Kautionsvereinbarungen prüfen!

Auch wenn du glaubst, durch die Kautionssumme, welche dann in der Anzeige steht, Gäste zu verlieren, dann ist es eben so!

Lieber dass du im Falles eines Falles Kaution verlagen kannst, als wenn dir Gäste eine verdreckte Unterkunft oder zerstörte Geräte zurücklassen.

Was ist, wenn ein Kind den Teppich vollkackt? Hast du so eine Reinigung schonmal bezahlt? Je nach Teppich kommen da einige Hundert Euro auf dich zu!

Anmerkung

Leider ist nicht jedem Gast klar, dass eine Kaution nicht vor oder während der Buchung abgezogen wird, sondern nur dann, wenn es einen berechtigten Anspruch gibt.

Dies könnte meiner Meinung nach, bei Airbnb noch ein wenig genauer in der Anzeige beschrieben werden.

Merke

Auch wenn es zunächst ungewohnt und in deinen Augen falsch klingt:

Lege dennoch immer eine Kautionssumme fest! Es kann soviel passieren, auch ohne böse Absicht!

Du möchtest keine Kautionssummer einstellen?

Ich verstehe, das du glaubst damit deinen Gästen ein Argument liefern zu können, deine Unterkunft zu buchen, aber wenn diese Gäste etwas kaputt machen, kannst du von ihnen keinen Cent Wiedergutmachung verlangen!

Außerdem gucken die Gäste nicht zuerst nach der Kautionssumme, sondern nach dem Titelbild und Zeilte, dein Profil und deine Bewertungen, erst dann vielleicht auf die Kaution!

Dieses Geld, welches du in Reparaturen, Ausbesserungen oder Reinigungskosten steckst, falls mal etwas passiert (und das wird es) musst du auch erst einmal wieder verdienen!

Biete deine Unterkunft doch gleich völlig kostenlos an!

Hausregeln

Die Hausregeln zu lesen ist wichtig. Nicht immer trifft man seinen Gastgeber persönlich und manchmal muss der Gast den Schlüssel irgendwo abholen oder bekommt einen Pincode für ein Schließfach.

Meiner Erfahrung nach, lesen viele die Hausregeln nicht und das kann zu manchen Mißverständnissen führen. Ich habe in jeder meiner Unterkünften die jeweiligen Hausregeln aushängen, und bin mir sicher, dass sie auch gelesen werden, denn ich habe nur sehr selten Probleme mit meinen Gästen.

Du kannst deine Hausregeln aufs Bett legen, einrahmen oder an die Wandhängen, aber du musst welche haben!

Begründung

Die Hausregeln müssen vor der Buchung immer separat bestätigt werden, niemand kann später behaupten, er hat sie nicht gesehen etc.

Es dient deinem eigenen Schutz, denn wenn mal etwas passiert, stehst du damit auf der sicheren Seite!

Was in deinen ganz persönlichen Hausregeln enthalten sein soll, kannst nur du allein bestimmen, denn vielleicht hast du ja Kinder oder musst morgens früh raus? Dann brauchst du definitiv Ruhezeiten!

Schreibe lieber ein paar Punkte mehr in die Hausregeln, als zu wenig. Schaue bei deinen Mitbewerbern, was die drinnen stehen haben, da gibt es noch so manche Anregungen.

Denke bei deinen Hausregeln immer zuerst an dich und dein Eigentum, sowie an die Sicherheit! Wenn du keine Raucher in deiner Unterkunft möchtest, aber keine Terrasse, Garten oder Ähnliches hast, dann müssen die Raucher halt auf die Strasse gehen...

Wenn du rauchen zulässt, dann rechne damit, dass deine Unterkunft ständig nach Rauch stinken wird, du evtl. Brandlöcher in den Möbeln hast, und das gefällt selbst Rauchern nicht...

Meine Empfehlung

Unabhängig davon, ob du ein einfaches Zimmer, ein ganzes Haus oder ein Luxusapartement am Strand vermietest: Beschreibe ganz detailiert klar, was deine Gäste dürfen und was nicht, es dient deinem eigenen Schutz!

Schreibe soviele Regeln hinein wie du für nötig hälst und lege sie in deiner Unterkunft zur Sicherheit noch einmal aus! Nur weil dein Gast die Hausregeln im Buchungsvorgang bestätigt hat, bedeutet es ja nicht, dass er sie auch aufmerksam gelesen hat... :)

Was ich unter anderem in meine Hausregeln hineinschreibe:

- Ruhezeiten
- Wo ist das Rauchen erlaubt
- Wann bin ich zu erreichen
- Wer ist im Notfall zu kontaktieren
- Was ist absolut verboten (Drogen, Tiere füttern, Dach betreten etc.)
- Wo sind die Sicherunge, wenn mal eine ausgeht
- Welche Steckdosen nicht benutzen
- Wo kommt der Müll hin
- Wann wird abends abgeschlossen

- Wo kommt das Fahrrad hin
- Kein Lagerfeuer oder Grillen im Innenhof oder am Strand
- Pflanzen müssen nicht gegossen werden
- Autos nur in der Garage parken
- Kostenersatz für verlorene Schlüssel
- usw.

Dies ist nur ein sehr kleiner Auszug, zeigt aber wie wichtig diese Regeln sind. Du kannst sehen, dass deine Regeln vermutlich anders sind, gestalte sie nach deinen Bedürfnissen.

Defekte Geräte und Unfallgefahr

Falls du ein Gartengeräte, Werkzeug, Stromkästen, Äxte oder andere Dinge hast, die man entweder kaputt machen oder an den man sich verletzen kann, dann schreibe auch dies in die Hausregeln hinein.

Wenn deine Kaution die Summe eines defekten Gerätes nicht deckt, dann ist das sehr ärgerlich, regle, das am besten gleich vorher. Noch schlimmer ist es, wenn sich ein Gast in deinem Haus verletzt. Du weißt nie, ob sie auch wirklich versichert sind, und unter Umständen musst du vielleicht für so etwas haften!

Checkin und Checkout

Ein leidiges Thema:

Deine Backpacker verlaufen sich und kommen viel später an, als abgemacht.

Deine Gäste mit drei Kindern, wollen erst noch einkaufen gehen und brauchen danach noch hundert Dinge und

Oma Eusebia verschläft den Checkout am Abreisetag...

Es kann echt anstrengend sein!

Ich gebe dir nun ein paar wertvolle Tipps für deine Gäste mit!

Checkin

Deine Gäste reisen vor der offiziellen Checkin Zeit an? Kein Problem, schick Sie freundlich in ein Cafe in der Nähe (falls vorhanden) und sage ihnen, sie sollen später wieder kommen. Ansonsten, lade sie auf eine Cola ein und lasse sie auf deiner Terrasse warten, geht ja nicht anders, wenn du noch saubermachen musst!

Deine Gäste kommen später oder viel später als erwartet?

Dies ist natürlich ärgerlich, wenn du einen Job oder Kinder hast, oder vielleicht verabredet warst...

Deine Gäste sind oft Ausländer und Reisende, und beim Reisen läuft nicht immer alles wie geschmiert und geplant. Nehme dir also an dem Anreisetag nichts wichtiges vor, denn auch wenn deine Gäste sagen, in 10 Minuten sind sie da, kann es trotzdem dauern: Denn sie haben den falschen Bus genommen :)

Noch ärgerlicher kann es sein, wenn ihr einen Abholplatz abgemacht habt (Flughafen, Bushaltestelle etc.) und sie einfach nicht kommen...

Das kann die Nerven schon ganz schön strapazieren!

Lösung

Wenn du nicht ganz soweit weg wohnst und deine Gäste z.B. Vom Flughafen abholen willst, dann vereinbare keine Zeit, sondern lasse dich anrufen oder eine Nachricht schreiben, wenn sie da sind. Lasse lieber deine Gäste 10Minuten auf ihren Transfer warten, als das du unter Umständen 2h am Flughafen rumgammelst und überteuerten und schrecklichen Kaffee trinken musst!

Du solltest zwar eine genau Vereinbarung treffen, was Zeit und Ort angeht, aber immer davon ausgehen, das nicht immer alles so klappt!

Das sind die leiden eines Airbnb Gastgebers- lerne sie zu genießen :)

Was tun, wenn deine Gäste wiedererwarten erst in der Nacht anreisen?

Dann gehe schlafen, und lasse dich von deren Anruf oder der Türklingel aus dem Schlaf klingeln!

Wie gesagt: Du "Kannst" vereinbaren deine Gäste von irgendwo abzuholen, du musst es aber nicht!

Wer herumreist, schafft es auch in einen Bus zu steigen oder ein Taxi zu nehmen. Du wirst deinen Gästen bereits eine detaillierte Beschreibung gegeben haben und die allermeisten kommen damit auch zurecht!

Immerhin bist du ja kein Taxidienst, sondern vermietest nur eine Unterkunft!

Klingt hart, ist aber so!

Wenn ich jeden Gast abholen würde, und das als Arbeitszeit und Geld umrechnen, dann würde ich um einiges mehr verdienen müssen.

Was ist, wenn meine Unterkunft nicht so einfach zu finden ist?

Das kann in einer verwinkelten Gasse eines Großstadts- oder im echten Dschungel sein, dann sorge für eine absolut "Narrensichere" Karte, Beschreibung oder Anleitung und sei telefonisch erreichbar. Je genauer desto besser!

Was soll ich machen, wenn meine Gäste nicht wissen, wann sie anreisen?

Wenn deine Gäste dir keinen Zeitrahmen nennen können (das kommt oft vor), dann sei trotzdem in der Nähe deiner Unterkunft und gebe deinen Gästen eventuell bescheid, dass du im Hinterhof oder bei den Tieren am füttern bist. Vielleicht bist du ja auch auf deiner Bananenplantage am arbeiten?

Hinterlasse an deinem Haus eine Notitz, wann du wieder da bist, oder wo du zu finden bist!

Du solltest in jedem Fall telefonisch, per SMS, Whats app oder E-Mail erreichbar sein (alles im Vorfeld klären!) . Bedenke, dass deine Gäste vielleicht einen langen Weg hinter sich haben, neu in deinem Land, müde und kaputt sind...

Checkout

In den Hausregeln sollte auf jeden Fall stehen, wann deine Gäste das Haus verlassen müssen, denn immerhin erwartest du ja vielleicht neue Gäste und musst noch klar Schiff machen.

Wähle die Checkout Zeit nicht zu Früh. Morgens um 08:00h das Haus zu verlassen ist kein Vergnügen :)

Folgende Zeit ist hat sich am besten bewährt und eignet sich sehr gut: 11h Vormittags.

Genug Zeit zum ausschlafen für deine Gäste und genug Zeit um nach der

Reinigung gegen Nachmittag, zum Beispiel 14h wieder neue Gäste empfangen zu können!

Mein Tipps

Deine Gäste sind schon früher abgereist? Kein Problem, dann teile deinen neuen Gästen mit, sie können schon früher kommen!

Erinnere deine Gäste am Vortag noch einmal auf die Abreisezeit, es kann sein, dass sie es nicht mehr genau wissen oder vergessen haben.

Zeige Gastgeber Qualitäten!

Ich behaupte mal, dass niemand ein geborener Gastgeber ist, und viele Gastgeber sich ihrer Rolle manchmal gar nichts so bewusst sind, bzw.welchen Einfluß sie auf ihre Gäste haben können.

Was ich hier beschreibe ist für jeden Gastgeber gleich, ob du einen Mitarbeiter oder eine Vertretung für dich arrangiert hast.

Deine Gäste reisen an

Egal, ob du sie abholst, sehe deine Gäste als das an, was sie sind: Deine Gäste!

Das macht ein guter Gastgeber bei der Anreise

- Lächle freundlich
- Offene Körperhaltung
- Stehe nicht wie ein Türsteher mit geschlossen Armen, lasse sie einfach neben deinem Körper baumeln
- Hand geben oder Umarmen, je nach Vorliebe
- Fragen, wie die Reise war, Small Talk*
- Nimm das Gepäck ab
- Der Gast ist bei der Anreise, das einzige, was in dem Moment wichtige ist!

*Smal talk

Nichts ist für manche Menschen schwerer als Small Talk, dabei ist es sehr einfach, ich verrate dir wie es geht und wie du sofort der perfekte Small Talker wirst.

Ob bei der Anreise oder später, wenn man sich mal auf ein Getränk zusammen setzt, Small Talk ist wichtig!

Ultimativer Tipp

Wer fragt der führt! Menschen erzählen gerne von sich und hören sich gerne reden.

Immer wenn eine Unterhaltung ins Stocken gerät: Fragen, fragen, fragen!

Ansonsten gelten allgemein gültige Regeln, über welche Themen man nicht redet, selbst wenn sie einen selber gerade sehr bewegen:

- Politik
- Zu Privates
- Krieg und Krisen
- Innere Konflikte
- Tod und Verluste
- Religion oder Religionszugehörigkeit
- Krankheiten

Das macht ein schlechter Gastgeber bei der Anreise

- An ein Auto oder Hauswand lehnen
- Mit dem Handy spielen
- Telefonate entgegen nehmen
- Gäste sich sofort alleine überlassen

- Essen in der Hand halten oder am Essen sein
- Auf sehr beschäftigt machen
- Immer noch in der Unterkunft am rumwerkeln sein
- Sich nicht um seine Gäste kümmern

Ich weiß, dass es auch für einen Gastgebeber immer wieder ein mulmiges Gefühl ist, wenn neue Gäste anreisen. Selbst als Erfahrener Gastgeber und Superhost, weiß ich nicht immer was mich erwartet, deine Gäste haben genauso wie du, auch schon eine ungefähre Vorstellung, wer da kommt und was man voneinander erwartet.

Also, keine Panik!

Sei freundlich und offen, freue dich!

Freue dich, denn diese Menschen sorgen dafür, dass es dir gut geht, also tu du es auch. Und das gleich zu Beginn, indem du ihnen zeigst, dass sie Willkommen und in sicheren Händen sind!

Wenn du dich ehrlich über deine Gäste freust, dann merken sie es auch und du wirst keine Probleme haben.

Eine große Bitte habe ich

Hole deine Gäste immer persönlich ab, oder begrüße sie persönlich, wenn es geht. Ansonsten ist es sehr wichtig, dass du deinen Gästen rechtzeitig mitteilst, dass sich jemand anders um die Begrüßung und evtl. auch Einweisung kümmert.

Auch sorge dafür, dass sich das nicht in den letzten Minuten ändert!

Begründung

Deine Reisenden haben oft eine lange Reise hinter sich und haben sich geistig auch schon auf alles was da kommt, vorbereitet. Es ist also erst einmal verstörend, wenn du jemand anderen schickst, und sie vielleicht nicht bescheid wissen.

Deine Mitarbeiter

Deine Vertretung oder deine Mitarbeiter die sich um deine Gäste kümmern, müssen von dir geschult werden!

Du hast sicherlich einige Vorstellungen wie deine Mitarbeiter mit Gästen umzugehen haben, dies musst du unmißverständlich klar machen. Schreibe dazu kleine Zettel und Manuals.

Listen

In späteren Kapitel wirst du sehen, dass ich Listen liebe, aber auch nur aus dem Grund, dass sie mir helfen Geld zu verdienen! Wie erkläre ich später.

- Fertige eine Liste für den Checkin und Checkout an.
- In den Listen sollte alles stehen, was sich in deiner Unterkunft befindet und in welchem Zustand es sich befindet und wie etwas funktioniert.

Stelle dir vor, deine Gäste kommen und gehen einfach so, ohne dass du die Unterkunft nochmal genau gecheckt hast, dann wirst du irgendwann einmal feststellen, dass Dinge kaputt gegangen sind, fehlen oder defekt sind. Lasse es nicht soweit kommen!

Nun kommt ein pikanter, aber sehr sinnvoller Teil

Gehe mit deinen Gästen die Liste gemeinsam durch!

Fertige einen Punkt nach dem anderen ab. Gehe zur Küche und zeige wie einzelne Geräte funktionieren- Mikrowellen sind manchmal echt tricky. Erkläre die Klimaanlage und zeige wie die Türschlüßel funktionieren, bzw, verteile Anleitungen.

Jeden Punkt hakst du auf deiner Liste ab, so bleiben dir und den Gästen später weitere Fragen erspart und du wirkst hochprofessionell.

Der zweite sehr gute Grund, mit den Gästen zusammen eine Checkliste durchzugehen ist folgender: Wenn deine Gäste und du gemeinsam sehen, was sich alles in welchem Zustand befindet, was vorhanden ist usw. Dann geht auch wengiger kaputt, denn deine Gäste behandeln deinen Besitz vorsichtiger!

Das bedeutet, du sparst Geld, also verdienst damit Geld! :)

Checkout Liste

Genauso wie mit dem Checkin solltest du es mit dem Checkout auch machen, Nimm dazu die selbe Liste wie vom Checkin und gehe zusammen mit deinen Gäste die Liste durch, wenn du dann feststellst, dass etwas kaputt ist oder fehlt, kannst du entweder etwas von der Kaution einbehalten oder es anders regeln.

Anmerkung

Bedenke, wenn du Bargeld zu nimmst, wegen einem verlorene gegangenen Schlüssel, einem kaputten Stuhl oder Ähnliches, es gegen die Nutzungsbedingungen von Airbnb verstößt.

Ich persönliche finde es in Ordnung, Geld zu nehmen, wenn jemand mir für kaputte Gegenständen Geld bietet.

Wie schon zu Anfang in diesem Buch berichtet, bist du für deine Handlung selber verantwortlich und musst selber entscheiden, ob du es auf diese oder jene Weise machst.

Deine Unterkunft Managen

Nicht jeder Gastgeber kommt aus einem Beruf der zu dem eines Vermieters passt, daher hab ich dir als ehemaliger Hotelmanager und erfolgreicher Airbnb Gastgeber ein paar hilfreiche Tipps aufgeschrieben.

Deine Unterkunft ist Online und das Spiel kann beginnen!

Alles was du benötigst liefert Airbnb bereits mit. Du hast jede Menge Einstellungsmöglichkeiten und wirst bei Buchungen und Nachrichten sofort benachrichtigt, das ist Klasse!

Erreichbarkeit

Du musst in der Lage sein, jede Nachricht oder Buchung, sofort oder innerhalb von "Spätestens" einer halben Stunde zu beantworten!

Wenn du in einer Gegend lebst wo du schlechten Handyempfang hast, dann mache folgendes:

Stelle an deinem Handy deinen Benachrichtigungston auf "lange" ein und nimm einen Weckersound. Lege das Handy dorthin, wo du den besten Empfang hast! Das wird laut und nervig genug sein um es nicht zu überhören.

Wenn du nicht überall Internet hast, aber auf WIFI mit deinem Smartphone angewiesen bist, dann kaufe dir einen WIFI Router, den bestückst du mit einer extra Prepaid-Simkarte und einem Monatlichen Internettarif. Trage den Router immer mit dir oder lege ihn an eine sinnvolle Stelle in deinem Haus/Grundstück.

Schlüssel

Wie viele Schlüssel sollst du machen und wer sollte alles einen Schlüssel bekommen?

Wie bereits erwähnt, sollte jeder Gast einen Schlüssel bekommen, es kann immer etwas passieren und die anderen Gäste müssen in die

Unterkunft.

Falls du, wie im Kapitel Sicherheit empfohlen wird, Sicherheitsschlösser hast, kostet jeder Schlüssel bares Geld, und bedenke, dass muss alles erst einmal verdient werden!

Außerdem musst du damit rechnen, dass deine Gäste die Schlüssel auch verlieren können und wenn du dafür keine Kaution oder Bargeld nehmen solltest, ist es jedesmal ein Teil deines Gewinns der dir flöten geht!

Bezüglich deiner eigenen Anwesenheit, Mitarbeitern oder Nachbarn, musst du leider selber entscheiden, wem du alles einen Schlüssel übergibst.

Schlüssel für deine Gäste

Ich klinge velleicht wie ein kleiner Listenfetischist, aber ich bin so immer auf der sicheren Seite, und das solltes du auch sein!

Für jeden Gast, der einen Schlüssel von dir bekommt, fertigst du einen kleinen Zettel an, den der Gast unterschreiben muss, dass er den Schlüssel an dem bestimmten Datum erhalten hat, sowie die Summe die bezahlt werden muss, wenn der Schlüssel weg ist!

Wenn du eine Unterkunft mit 15 Gästen hast und jeder einen Schlüssel hat, und nicht alle gleichzeitig auschecken, dann kann das ganz schön unübersichtlich werden.

Doppelte Sicherheit

Airbnb hat eine tolle Webseite, auf der du alles Managen kannst, aber du solltest dir auch ein Blanko-Buch zulegen, in welche du deine Buchungen hineinschreibst.

Das Buch macht zwar ein wenig Arbeit, aber zu deiner eigenen Sicherheit solltest du es tun!

Teile das Buch in folgende Spalten der Länge nach auf und trage alles Handschriftlich ein:

- Datum
- Uhrzeit
- Buchung von "Name des Gastes"
- Checkin Datum
- Checkout Datum
- Bewertung erhalten
- Bewertung gegeben
- Bemerkung

So schaffst du dir eine doppelte Absicherung, weisst auch ohne Internet schnell, welche Buchungen du hast und bist nicht immer aufs Internet angewiesen.

Für jede Unerkunft legst du ein eigenes Buch an. Selbstverständlich kannst du die Spalten nach deinen Belieben kreieren.

Leiter gibt es kein Automatisches Mangement...

Du musst viel alleine erledigen, Je mehr du externe Dienstleister oder evtl. eigene Angestellte beschäftigst, desto schmaler fällt dein Gewinn aus.

Vereinfache dir deine Verwaltung so gut es geht. Je nach Größe, Buchungsanzahl oder Anzahl deiner Unterkünfte macht es Sinn sich ein kleines Büro einzurichten.

Welche Ausstattung solltest du als Airbnb Manger haben

- Ein Laptop nur für Airbnb- bei mir ist den ganzen Tag, die Airbnb Seite sowie Thunderbird geöffnet.
- Ein Drucker. Das einfachste Modell reicht aus. Ich

lasse meine Patronen nachfüllen!
- Gelbe Notizzettel Schreibblock und jede Menge Kugelschreiber.
- Ein Smartphone mit extra Akku- nur für Airbnb.
- WIFI Router mit einer Extra Simkarte und Internettarif (nur Internet, keine Telefonoption)
- Evtl. Tablet mit Simkarte für unterwegs.
- Akkuladekabel für alle Geräte mit Zigarrettenanzüner Adapter fürs Auto
- Open Office, Kaspersky Internetsecurity

Reinigungsliste

Fertige eine Liste zum abhaken an, was alles erledigt werden muss, sobald deine Gäste ausgechekt haben.

Zum Beispiel

- Schränke abwischen
- Bettlaken wechseln
- Dusche schrubben
- WC-Papier auffüllen
- Aschenbecher leeren
- Terrasse fegen
- usw.

Mit solch einer Liste bist du immer auf der sicheren Seite, damit deine nächsten Gäste eine perfekte Unterkunft vorfinden und dir Unannehmlichkeiten erspart werden.

Anmerkung

Du kannst für alles mögliche Listen erstellen damit du oder deine Mitarbeiter nichts vergessen.

Sauber machen wie ein Profi und Kosten sparen

Es gibt natürlich ein paar Mittel und Wege um optimal zu reinigen und dabei Kosten zu sparen.

Du hast einen oder mehrere Mitarbeiter die für dich deine Unterkunft wieder flott machen? Dann nutze unbedingt die Reinigungslisten. In den Reinigungslisten können auch Datum und Uhrzeit mit eingetragen werden.

Jeder Punkt der Liste muss von deinen Mitarbeitern gereinigt und ein Foto von der Liste und den gereinigten Stellen gemacht werden. Per Watts App dann zugesendet und von dir für Ok befunden werden. Sollten deine Mitarbeiter kein Smartphone besitzen, so kaufen ihnen ein günstiges.

Begründung

Mit der Methode kannst du sicher sein, dass korrekt gearbeitet wird. Stell dir vor, du hast keine Liste und erhälst keine Fotos, und dein Mitarbeiter vergisst etwas. Dann erhälst du vielleicht unnötig eine negative Bewertung, weil es schmutzig ist, Handtücher fehlen oder Ähnliches.

In vielen Branchen ist dies Gang und gebe. Es erpart dir Zeit und viel Ärger!

Reinigen und Geld sparen

Du solltest deine Reinigungsmittel, Geräte und Materialien im Großmarkt kaufen, das spart eine Menge Geld. Achte darauf, dass du Industrieprodukte verwendest, wie sie auch Hotels benutzen.

- Kaufe keine Geräte oder Materialien aus dem Telesshopping, die sind für den Hausgebrauch und halten oft nicht lange.

- Elektrische Staubsauger oder Fensterputzer sind ganz witzig, für deine Unterkunft aber völlig ungeeignet.

Viele Geräte und Materialien scheinen im ersten Augenblick in der Anschaffung ein wenig teurer, aber die Investition lohnt sich, man kann schneller und besser arbeiten und sie halten viel länger.

Genauso auch bei der Bettwäsche, nutze möglichst dunkle Materialien und kaufe lieber in Hotelqualität. Die sind weniger anfällig für Schmutz bzw. man sieht ihn nicht so schnell und sie halten viel länger als Bettlaken aus dem Supermarkt.

Folgende Geräte sind empfehlenswert

- Goßer und kleiner Besen
- Wischer mit Wagen und Aufsatz
- Schrubber für härtere Verschmutzung
- WC-Pümpel und Chemikalien um verstopfte Toiletten zu befreien
- Kalkentferner
- Kleine Handtücher
- Wischlappen und Schrubber für Kacheln, Porzellan und glatte Flächen
- Fettreiniger für Herd und Grill
- Fensterreiniger (Spray) und Fensterreiniger mit gutem Griff
- Staubsauger ohne Beutel, das reduziert noch einmal die Kosten
- Feste Mülltüten

Sorge dafür, dass deine Unterkunft gut riecht. Es gibt leider immer wieder Geruchsquellen, auch von außerhalb, die deine Unterkunft schlecht riechen lassen. Abhilfe schaffen spezielle Raumsprays, Duftkerzen oder Duftbäume, letztere würde ich aber nur in aboluten Ausnahmen aufhängen.

Du kannst auch ein paar Putzmitteln deinen Gästen dalassen, falls sie ein wenig selber putzen möchten.

Ich habe in jeder meiner Unterkunft eine große 1 L Falsche mit Desinfektionsmittel stehen. Diese Falsche ist ein Spender, der auf Druck von oben, sein Mittelchen ausspuckt.

Listen Allgemein

Fertige dir ruhig mehrere Listen an, was alles erledigt werden muss, bevor deine Gäste eintreffen.

Du kannst sie entweder mit einer App erstellen oder wie ich, einfach am Laptop und dann ausdrucken, für jeden Gast eine Liste. Zum Beispiel:

- Müll geleert
- Boden Gewischt
- WC-Papier aufgefüllt
- Terrasse gefegt
- Staub gewischt auf den Schränken
- Etc.

Was für viele ein wenig ungewohnt erscheint ist z.B. In der Hotellerie seit vielen Jahren Standard. Du kannst dann einfach nichts vergessen! Oder willst du unzufriedene Gäste?

Standart Texte

Spare dir eine Menge Zeit, indem du dir für E-Mails und Nachrichten Texte vorschreibst und in verschiedenen Dateien speicherst. Du brauchst dann nur noch Copy/Paste machen- vergiss aber dann nicht den richtigen Namen einzutragen :)

Passwort Sicherheit

Nichts ist Katastrophaler, als das jemand an deine Daten herankommt, dich ausspionieren kann oder dich um dein Geld erleichtert!

Ändere daher deine Passwörter für sämtliche Accounts einmal im Monat!

- E-Mail
- Bank
- Airbnb
- Paypal
- Laptop/Windowslogin
- usw.

Verwende nie die gleichen Passwörter und schreibe sie dir immer auf! Ich nutze dazu einen "Passwort Manager". Software dafür findest du Gratis im Internet.

Sichere Passwörter enthalten immer Zahlen, Sonderzeichen, Groß- und Kleinschreibung, sowie mindestens 10 Zeichen! Entsprechende Passwortgeneratoren findest du auch Online, gratis.

Internetsicherheit

Öffne niemals E-Mail-Anhänge deren Absender du nicht kennst!

Meine Empfehlung

Benutze Programme wie "Kaspersky Internetsecurity".

Lade niemals gecrackte Software herunter, sondern nutze Freeware oder bezahle dafür!

Fazit

Das kingt zwar nach einer Menge Kosten und Arbeit die auf dich zukommen, aber du musst ja nicht alles sofort kaufen.

Je Umfangreicher deine Unterkunft und je mehr Buchungen du erhälst, desto einfacher solltest du dein Management halten!

Arbeite mit Software und Apps, falls es deine Arbeit erleichtert.

Ich selber benutze eigentlich nur Freeware, also kostenlose Software und Apps. Dies reduziert meine Ausgaben erheblich.

Bedenke auch hier wieder: Alles was du investierst, auch wenn es nur ein Kugelschreiber für einen € ist, den musst du erst einmal wieder verdienen!

Deine Gäste stornieren ihren Aufenthalt bei dir

Definitiv etwas, was in deinen Bereich fällt, auch wenn du jemanden anderes für das Meiste beschäftigst!

Es gibt hundert Gründe, warum deine Gäste ihre Buchung stornieren. Grundsätzlich gilt, eine sehr lockere Einstellung dazu zu haben, und wie bereits schonmal erwähnt, flexible Stornierungsbedingungen einzustellen.

Klar ist es ärgerlich, wenn man mehrere Anfragen für einen gewissen

Zeitraum hat und die Person, welche gebucht hat, dann storniert und alle anderen Interessenten wahrscheinlich schon eine andere Unterkunft haben.

Tipp 1.

Frage immer nach, warum storniert worden ist, und frage ob alles in Ordnung ist. So wird sie sich daran erinnern, dass es für dich kein Problem war und für dich nicht das Geld, sondern der Mensch im Vordergrund steht!

Tipp2.

Falls du andere Interessenten hattest, frage bei denen nach, ob sie noch etwas suchen.

Tipp 3.

Vermiete deine Unterkunft in dem Zeitraum zu einem Sonderpreis- aber Kostendeckend!

Sicherheitstipps

- Für Gastgeberinnen die ein Zimmer in der eigenen Wohnung vermieten.
- Für Familien die ein Zimmer in der eigenen Wohnung vermieten.
- Deine Unterkunft sicher vor Dieben und Einbrechern machen.

Gastgeberinnen sind natürlich den meisten Männern physisch unterlegen und überhaupt kann man auch als Mann ein mulmiges Gefühl dabei haben, eine Fremde Person in seine 4 Wände zu lassen.

Natürlich ist es normal, dass man sich Gedanken macht, und das ist auch gut so!

Es gibt immer wieder Berichte über schlimme Dinge, die im Zusammenhang mit Airbnb passieren. Zum Glück sind die sehr gering, aber Bedenken bleiben immer.

Lösung

Du vermietest ein eigenes Zimmer in deiner Wohnung, oder eine angeschlossene Wohnung in deinem Haus und möchtest als Frau, Mann oder Familie den bestmöglichsten Schutz:

- Vermiete nur an Personen, deren Identität über z.B. Airbnb zweifelsfrei geklärt ist.
- Lasse dich nicht, wie breits empfohlen auf Deals ausserhalb der Plattform ein, wenn du gefragt wirst.
- Kaufe für deine Haustür ein Sicherheitsschloß, so kann der Schlüssel von niemanden nachgemacht werden.

- Lasse keine wertvollen Dinge, wie Schmuck, Bargeld oder Kreditkarten offen in deinem Haus liegen.
- Falls möglich: Separiere deine Wohnung mit einer zusätzlichen Tür, damit dein Teil der Wohnung privat bleibt. Gleiches gillt für eine Wohnung innerhalb eines Hauses.

Familiensicherheit

Einen Fremden Mann in das eigenen Haus mit seinen Kindern zu lassen, ist sicherlich nicht einfach und ich hoffe sehr, dass dir und deiner Familie niemals etwas zustoßen wird.

Dennoch gibt es ein paar Möglichkeiten sich ein wenig sicherer zu fühlen

- Checke deinen Gast/Gäste in den Sozialen Netzwerken ab.
- Schreibe in die Hausregeln oder kläre es bei der Ankunft ab, dass dein Gast die Kinderzimmer oder Schlafzimmer nicht zu betreten hat.
- Bereite deine Kinder auf fremde Menschen vor, und lasse sie nie mit der Person allein.
- Verbiete eventuell den Genuß von Aklohol während des Aufenthaltes.
- Installiere Bewegungsmelder für das Licht in deiner Wohnung oder Haus, so kann niemand im dunkeln umherschleichen.
- Bringe kleine Glöckchen an der Innenseite des Kinderzimmers an, oder ein Akkustisches Gerät, welches es auch in Kaufhäusern gibt. Es gibt die Geräte auch mit Enten oder Froschquaken. Schalte

das Gerät aber wieder ab, sobald dein Gast wieder weg ist.

- Sage deinen Kindern, sie sollen sofort nach dir rufen, wenn der Gast in deren Zimmer geht. Das gillt auch Tagsüber.
- Sage deinem Gast, er möchte seine Zimmertür des Nachts immer abschließen. So kannst du hören, wenn Nachts die Tür aufgeschlossen wird.

Für alleinlebende Gastgeber und Gastgeberinnen

Es gibt natürlich schon Blogs und Foren, wo intensiv darüber disktutiert und angegeben wird, ob und mit wie vielen Gästen jemand schon geschlafen hat und in einem Forum kam die Frage auf, wann es die erste Airbnb Hochzeit geben wird :)

Aber nicht jeder Gastgeber oder Gastgeberinn möchte solche einen Kontakt, deswegen kann man auch hier Vorsichtsmaßnahmen treffen.

- Gebe vor du hast einen Freund/Freundin
- Falls du keinen Partner hast: Lade eine bekannte Person zu dir ein und gebe vor, dies ist dein Partner
- Schließe deine Schlafzimmertür am Abend zu
- Siehe oben, kaufe dir ein akkustisches Gerät, falls deine Tür aufgeht
- Bei eindeutigen Avancen, sofort freundlich aber bestimmt, klar machen, dass man nicht auf eine sexuelle Beziehung aus ist.
- Badezimmer oder WC- Tür immer abschließen und das auch von deinem Gast fordern, damit nichts unangenehmes passiert.
- Wäsche, wie z.B. Unterwäsche nicht offen liegen lassen.

- Keine Wertsache liegen lassen.
- Keine persönliche Post, Briefe etc. liegen lassen.

Natürlich gibt es keinen 100%igen Schutz und wenn Gäste zu einem zu Besuch sind, ist man in seiner Privatsphäre immer ein wenig eingeschränkt, aber das solltest du dir vorher gut überlegt haben.

Schutz vor Dieben und Einbrechern

Auch hier gilt wieder: Vorsicht ist besser als Nachsicht.

Abgesehen davon, dass dein Haus oder deine Wohnung über abschließbare Türen (ist nicht immer der Fall) verfügen sollte, so gibt es noch ein paar Mittel die Sicherheit zu erhöhen.

Das Wichtigste ist wahrscheinlich eine Versicherung, die Diebstahl, Einbruch etc. beinhaltet.

Außerdem

- Kaufe für deine Haustür ein Sicherheitsschloß, so kann der Schlüssel von niemanden nachgemacht werden.
- Lasse keine Wertvollen Dinge, wie Schmuck, Bargeld oder Kreditkarten offen in deinem Haus liegen.
- Schließe auch bei Tag deine Türen ab, und fordere es auch von deinen Gästen.
- Installiere Bewegungsmelder, außerhalb deines Hauses .
- Auch Kellerfenster sollten gesichert sein, sowie die Tür zum Keller abgeschlossen sein.
- Fahrräder immer im Haus abstellen und auch da abschließen.
- Bei Einbruch der Dunkelheit die Vorhänge und

Rolladen zu ziehen, es muss ja nicht jeder sehen was du hast.

- Geräte wie Gartengeräte, Besen oder Ähnliches auch Abends einschließen.

Was ist, wenn dein Gast etwas gestohlen hat?

Sollte so ein Fall eintreten, zögere nicht die Polizei zu rufen!

Sei kein Samariter und denke auch nicht an deine Bewertung, denn in solch einem Fall unterstützt dich Airbnb, falls es soweit kommen sollte.

Sorge für Beweise wie eine Kopie der Anzeige bei der Polizei oder eine Aussage von der Polizei das ein Diebstahl von Person XY bei verantwortlich war. Diese Beweise kannst du dann bei Airbnb einreichen.

Anmerkung

Egal, was für eine Unterkunft du anbietest, Wertsachen gehören immer weggeschlossen oder entfernt!

Zusätzlich Geld verdienen und mehr Buchungen erhalten

Um mit Airbnb und deinen Gästen zusätzliches Geld zu verdienen ist es einiges an Arbeit nötig!

Geld kommt nicht von allein und deine Gäste auch nicht...

Den großteil meines Einkommens erziele ich zwar mit den Unterkünfen, aber fast die Hälfte verdiene ich noch einmal an Zusatzleistungen, dadurch kann ich meine Unterkünfte ein paar Euro günstiger verkaufen! Ich erwähne noch einmal: Meine Auslastung liegt bei 95% und ich zeige dir nun, wie du es auch schaffst. Endlich :)

Mit deinen Gästen zusätzliches Geld verdienen

Mit deinen Gästen zusätzliches Geld verdienen ist nicht ganz einfach. Denn deine Gäste sind intelligente Menschen, die teils schon viel herumgekommen sind, und sich nicht gerne irgendwelche Dinge aufs Auge drücken lassen wollen, nur damit du mehr Geld verdienst.

Es ist eine schmale Gradwanderung, zwischen dem Einen: "Den Gast zufrieden stellen oder seine Erwartungen zu übertreffen" und dem Anderen: "Dinge vermieten oder verkaufen wollen, und den Gast damit nerven oder belästigen".

Ja, deine Gäste haben Geld! Aber sie geben es nur dafür aus, was entweder geplant ist, in ihr Budget passt oder von dem sie der Meinung sind, dass es einen lohnenden Mehrwert für sie darstellt.

Natürlich ist das völlig unterschiedlich, in meiner Stadtunterkunft habe ich Budgetreisende, die von Weißbrot und billigem Schmelzkäse leben und wohlhabenden Menschen, die jede Tour und jede Sehenswürdigkeit ansehen wollen, jeden Abend essen gehen und sich ein großes Mietauto gönnen.

Bevor du dir durchliest, womit du noch zusätzliche Einnahmen erzielen kannst, werde dir bewusst, was wichtiger ist: Zufriedene Gäste deren Erwartung du übertriffst, oder Gäste, denen du ohne schlechtes

Gewissen, das Geld aus der Tasche ziehen kannst...

Einige Beispiele

Fremdsprachige Gäste freuen sich darüber, wenn du Ihnen ein Wochenticket von der Ubahn besorgst, da kannst du ruhig einen € als Servicegebühr verlangen.

Ältere Gäste, die vielleicht sogar mal einen Monat bleiben, aber nicht mehr so mobil sind, freuen sich über einen Einkaufsservice.

Ich hatte mal einen ganzen Monat in einer Unterkunft am "Arsch der Welt" verbracht, und mir gleich einen Roller gekauft, für den Vermieter ein lohnendes Geschäft.

Zusätzliches Geld, kannst du folgender Maßen verdienen:

Vermieten

- Allergiker Bettwäsche
- Frühstück oder Mahlzeiten anbieten

Verkaufen

- Getränke, Lebensmittel, Sonnenbrillen, Handtücher, Zigarren mit Zubehör etc.

Du kennst sicherlich den Spruch "Gewinn macht man beim Einkauf"!?

Du hast 3 Möglichkeiten "Gewinn" aus dem Verkauf von Artikeln oder Produkten zu erwirtschaften:

1. Du kaufst günstig ein, und verkaufst gegen einen kleinen Aufpreis weiter.

2. Du kauftst günstig ein, lässt das Preisschild dran und verkaufst ohne

Gewinn weiter.

Dein Gewinn bei dieser Aktion ist der: Deine Gäste sehen den Verkauf als kostenlosen Service an. Sie denken, dass du nicht wie viele andere Menschen bist, und nur an das Geld deiner Gäste interessiert bist. Das macht dich sehr sympathisch!

3. Du kaufst günstig ein ,,druckst eigene "Professionell aussehende" Preisschilder aus und versiehst deine Produkte damit. Der Gewinn ist dabei gleich doppelt: Die Marge zwischen Einkauf und Verkauf und die Beschreibung aus Punkt 2 :)

Eine absolut legale und gängige Verkaufspraxis.

- Geräte oder Ähnliches vermieten, wie Laptop, Bügeleisen, Kühlschrank, Moskitonetz etc.
- Taxifahrten, also deine Gäste gegen Geld hin und her fahren
- Taxifahrer gegen Provision anrufen
- Vermieten oder auch verkaufen:
- Landesspezifische Simkarten und/oder auch Handys
- Als persönlicher Tourenguide fungieren, oder Touren gegen Provision vermitteln

Abgesehen von Sehenswürdigkeiten sind in manchen Ländern einige Berufe sehr interessant, wie z.B. Zigarrendreher, Fischer, Holzkohlehersteller. Organisiere solche Touren selber oder kassiere auch hier eine Provision.

- Auto, Roller, Moped, Fahrrad Vermietung/Verkaufen oder gegen Provision vermitteln

- Einkaufsservice, entweder mit einem Einkaufszettel shoppen gehen oder im Rahmen eines Taxiservices
- Ebookreader vermieten:

Nicht jeder Gast ist von morgens bis abends aktiv, sondern geht mal an den Strand, auf die Couch oder bleibt einfach mal (zu Hause) in der Unterkunft. Sorge für jede Menge Bücher oder Ebooks, entweder lädst du kostenlose Bücher herunter, oder meine Empfehlung: Lege dir einen Kindle Account von Amazon zu, dann können deine Gäste soviel lesen, wie sie möchten! Sie können in aktuellen "teuren" Bestsellern lesen, ohne extra für die Bücher zu bezahlen.

- Eintrittskarten oder Fahrkarten im besorgen
- Sprachunterricht geben- warum nicht? Es muss ja kein hoher Stundensatz sein! In Indien habe ich es ein paarmal genutzt und es hat mir gleich geholfen!
- Dart, Flipper, Kicker- Münzautomat aufstellen
- Weiterempfehlung an andere Airbnb Teilnehmer oder Vermieter andere Unterkünfte.

Sicherlich erfährst du, welche Ziele die nächsten deiner Gäste sein werden und vielleicht kennst du da ja jemanden der auch Unterkünfte vermietet? Eine Hand wäscht die Andere, und so kannst du auch da eine Provision kassieren.

Je nachdem, wo du lebst, ist es für Reisende immer ein Erlebniss, Einheimische kennen zu lernen. Biete doch bei einer (für Ausländer) typischen Einheimischen Familie ein Abendessen an. Du bist vielleicht nicht unbedingt ein Einheimischer, aber z.B. in einer Lehmhütte auf Kamelmist zubereitetes Essen zu genießen, ist etwas anderes, als in der Airbnb Küche etwas serviert zu bekommen

- **Übersetzungsdienste, falls deine Gäste z.B. mal etwas auf einem Amt erledigen müssen**

All diese Dinge "kannst" du anbieten, das hängt natürlich von vielen Dingen ab.

Ich biete z.B. Allergikerbettwäsche gegen einen kleinen Aufpreis an, denn die hat auch einiges gekostet- Allergiker wissen das und haben damit kein Problem.

Ich vermiete keine Kühlschränke, das ist bei mir immer inklusive, aber ich habe einen alten Laptop, der meinen Gästen schon einigen Malen wertvolle Dienste geliefert hat.

Auf die Idee einen Münzkicker in eine Unterkunft zu stellen, würde ich vielleicht bei einem großen Haus machen, wo der Platz da ist und ich die Erwartung habe, jemand schmeisst auch ein paar Euros hinein.

Kleiner Tipp

Nach einiger Zeit wirst du feststellen, wonach deine Gäste fragen. Das kann nach einem Friseur sein, Sehenswürdigkeiten oder Taxifahrten. Du solltest mit verschiedenen Anbietern Kooperationen abschließen, bedeutet im Klartext: Du schickst ihnen Kunden gegen Provision! Warum solltest du einem Tour- oder Reiseveranstalter ständig zahlende Gäste bringen und nichts dafür bekommen?

Deinen Service bei deinen Gästen bekannt machen:

Drucke Flyer oder Zettel aus, mit dem was du anbietest und lege sie in deiner Unterkunft aus.

Negativ

- Solltest du Fahrdienste in den Ort anbieten, dann bitte nur für sehr kleines Geld- du solltest auf keinen Fall teurer als ein Taxi sein.

- Für eine SIM Karte fordere bitte keine horrenden Gebühren und verlange später noch die SIM Karte zurück!
- Egal was du verkaufst, es sollte von dir eher günstig eingekauft, als später mit überzogenen Preisen deine Gäste abgezockt werden!
- Nerve deine Gäste nicht mit dem, was du alles anzubieten hast!

Meine Empfehlung

Biete nichts gegen Aufpreis oder Entgeld an, was eigentlich kostenloser Standard sein sollte! Niemand wird dir Geld für WIFI bezahlen oder für einen Kühlschrank- den du extra vorher aus der Unterkunft entfernt hast.

Bitte werde nicht zu einem Abzocker, also einem/r "Geschäftsmann/frau" mit falsch verstandenem Unternehmergeist!

Gegen eine kleine Gebühr für die Fahrt in den (z.B. 10Km entfernten) nächsten Supermarkt spricht überhaupt nichts gegen, aber keine genaue Wegebeschreibung zu liefern, damit man Geld fürs abholen kassieren kann- geht gar nicht (erlebt in Indien)!

Überlege dir vorher, ob du deine Gäste positiv mit Dingen überraschen möchtest, die normalerweise Geld kosten oder andere Gastgeber nur gegen Aufpreis machen.

Meine Erfahrung

1. Je mehr du deine Gäste überraschst und deren Erwartungen übertriffst, desto mehr hast du davon. In Form von Wiederempfehlungen und positiven Bewertungen!

2. Geld verdienen mit deinen Gästen ist völlig in Ordnung, solange du sie nicht Abzockst! Biete Ihnen tollen Service, gute Produkte und es wird

sich genauso in Wiederempfehlungen und positiven Bewertungen niederschlagen!

Kleiner Tipp

Sei besser als deine Mitbewerber!

- Deine Mitbewerber (aus deiner Gegend, Stadt oder Land) bieten ausschließlich Fahrräder gegen Gebühr an- dann biete sie gratis an und schreibe dies in Großbuchstaben in deine Beschreibung hinein!
- Deine Unterkunft ist nicht so nah am Strand wie die deiner Konkurrenten? Dann fahre deine Gäste kostenlos hin und wieder zurück!
- Usw.

Airbnb Service für Vermieter und Gastgeber

Mittlerweile gibt es eine neue Branche, welche zwar nicht neu ist, aber bei Airbnb Gastgebern, besonders in den USA immer mehr Aufmerksamkeit erlangt.

Ich kann nicht sagen, wie lukrativ diese Branche für dich sein kann, aber sie ist definitiv einen Blick Wert!

Gründe einen Service, der anderen Airbnb Gastgebern sämtliche Arbeit abnimmt

- Checkin und Checkout mit Schlüßelübergabe
- Reinigung
- Bereitschaftsservice
- Postverwaltung, Gründstücksverwaltung
- Komplettes erstellen, der Anzeigen und Verwaltung

des Airbnb Accounts

- usw.

Nicht jeder Wohnungs- oder Immobilieninhaber wohnt in dem Land oder in der Stadt, wo er vermietet!

Dies kannst du nutzen und den Gastgebern sämtliche Arbeit abnehmen. Oft werden solche Dienste von etablierten Wohnungsverwaltungsfirmen oder Organisationen, aber auch Einzelpersonen angeboten.

Denke nur daran, dass du in deinem Land wahrscheinlich eine Genehmigung dafür benötigst!

- **Events, Veranstaltungen, Filmsets, Fotografie Hintergründe**

Deine Unterkunft, Haus, Grundstück oder Lage eigenen sich dafür? Dann kannst du dich zusätzlich in bestimmten Portalen (auch weltweit) dazu anmelden und gegen Gebühr deine Unterkunft vermieten!

- **Gäste wollen mit dir Verhandeln**

Eigentlich gehört dies nicht ganz in dieses Kapitel, da ich persönlich, damit bisher keine positiven Erfahrungen gemacht habe, aber andere Gastgeber damit schon: Verhandlung mit Gästen über den Preis.

Unabhängig davon, über welche Quelle deine Gäste auf dich aufmerksam geworden sind, manchmal versuchen einige mit dem Preis zu verhandeln. Grundsätzlich finde ich es gar nicht schlimm dies zu tun, du solltest aber folgendes Bedenken:

1. Du musst immer noch wirtschaftlich bleiben, für ein paar Cent Gewinn oder gar Plus Minus-Null solltest du nicht vermieten.

2. Diese Gäste erwähnen das mit dem Rabatt evtl. in den Bewertungen und andere Gäste lesen dies und wollen dann auch mit dir verhandeln (so bei mir geschehen...).

3. Bedenke, dass du bei Airbnb keinen Rabatt einfach so gewähren kannst, außer du stellst für einen gewissen Zeitraum die Preise anders hinein. Gebühren musst du immer zahlen!

Wann kannst du verhandeln?

Wenn deine Gäste wiedererwarten länger bleiben möchten. Gewähre bei einer Verlängerung ruhig einen Rabatt den du für angemessen bezeichnest, das wird deine Gäste freuen.

Wie kann man damit Geld verdienen?

Das ist schwer zu sagen, denn einerseits glaubt man, dass die Gäste mit einem niedrigeren Preis meine Unterkunft buchen würden, andererseits, haben die sich vielleicht bereits für mich entschieden und würden sowieso kommen?

Laut meinen Erfahrungen, buchen die Gäste, die bei mir nach einem Rabatt fragen und ihn nicht bekommen, nicht bei mir. Entweder, weil sie wirklich einen Rabatt wollten und sich dann entschieden hätten oder es ihnen danach vielleicht peinlich gewesen ist, doch zu buchen

Es liegt an deiner eigenen Entscheidung, Rabatte zu gewähren und dann deine Unterkunft doch noch zu vermieten, falls für den Zeitraum keine anderen Buchungen reserviert sind.

Meine Preise sind schon hart kalkuliert, und nur aufgrund meiner guten Auslastung ist es für mich rentabel. Rabatte gewähre ich in meinem speziellen Falle nicht.

Anmerkung

Wenn du in einer oder mehreren Facebookgruppen, Mitglied bist, kann es durchaus vorkommen, dass Menschen nach einer Unterkunft dort fragen, du kannst dies evtl. Für dich nutzen!

Wann lohnt es sich Preise zu verhandeln

Es kann manchmal vorkommen, dass deine Gäste ganz offen sind und sagen:

- Dein Konkurrent XY verlangt für das gleiche Angebot 3,- weniger, aber ich würde bei dir buchen, wenn du auch 3,- heruntergehst
- Gehe mit dem Preis herunter und ich buche bei dir!
- Wenn ich noch länger bleibe, wie viel Rabatt kann ich dann bei dir bekommen?
- Was ist bei dir besser, obwohl Konkurrent XY günstiger ist?

Du solltest immer bedenken, dass es ein wenig gefährlich ist, über Airbnb einfach mal die Preise nur für einen Zeitraum zu ändern, es kann nämlich sein, das dein "Verhandlungspartner" nicht schnell genug reagiert und jemand anderes plötzlich deine Unterkunft zu dem Vorzugspreis bucht.

Du kannst bei den oben genannten Fragen, gerne deine Vorzüge aufzählen, warum es bei dir besser, oder auch dein geld Wert ist!

Generell lohnt es sich nur dann, wenn deine Gäste einen kurzen Zeitraum über Airbnb buchen und es danach für die Gäste bei dir, ohne Airbnb weitergeht, da ihr euch beide die Gebühr spart.

Oder natürlich komplett ohne Airbnb oder ein anderes Vermittlungsportal* Sieh dazu nächsten Punkt.

Du kannst es z.B. so regeln, das dein Gast 14 Tage bleiben möchte, er für 3, 7 oder 10 Tage über Airbnb bucht, du die übrigen Tage in deinem Kalender als "Reserviert" markierst und ihr den Rest vor Ort regelt, aber:

Was ist, wenn dein Gast doch nun kürzer bleiben will und er die

Vereinbarung nicht einhält, oder nach den bezahlten Tagen einfach so verschwindet?

Tja, dann bist du evtl. um eine Erfahrung reicher und hast, falls andere Gäste buchen wollten, auch noch Geld verloren...

Natürlich muss es nicht so kommen, kann aber!

Lies dazu den nächsten Punkt

Gäste wollen außerhalb von Airbnb bei dir buchen

Du bist bei Airbnb oder anderen Portalen angemeldet, dann kann es sein, dass du Gäste hast, die danach fragen es nicht über Airbnb zu machen. Es würde dir und deinen Gästen die Gebühren sparen und du könntest sogar einen kleinen Rabatt gewähren.

Meine Empfehlung

Tue dies nicht, es ist es nicht Wert!

Du verstößt damit evtl. gegen die Richtlinien und wenn das rauskommt, hast du eine Menge Ärger, ausserdem kann dich dein Gast dann nicht bewerten!

Du musst deinen Kalender bei Airbnb und ggbf. Anderen Portalen an denen du angemeldet bist, anpassen.

Wenn deine Gäste, doch nicht länger bleiben wollen, oder vielleicht gar nicht erst auftauchen, ist das Katastrophal.

Entscheide dies einfach für dich selber.

- **Merchandising Artikel**

Ich war einmal in einer Traumhaften Unterkunft die von sich selber tolle T-Shirt verkauft hat, ich habe mir zwar keins gekauft, aber vielleicht ist das ja interessant für dich`?

Du bist erfolgreich?

Dann biete deine Dienste bei Fiverr.com & Co an.

Gebe in die Suche bei den Diensten einfach "Airbnb" ein und du siehst, welche Möglichkeiten du anbieten kannst.

- **Zeiträume preislich anpassen**

Falls es in deiner Stadt/Gegend/Land eine Hauptsaison gibt, wirst du sicherlich deine Preise automatisch nach oben oder unten anpassen.

Es gibt noch eine weitere Möglichkeit deine Preise nach oben zu schrauben:

- Messen
- Veranstaltungen und Politikergipfel
- Filmdrehs die in deiner Gegend stattfinden
- Konzerte
- Kinopremieren
- Karneval
- usw.

Du kannst deine Titelzeile dann ein wenig anpassen, z.B: "Perfektes Studio für Springbreak", und damit evtl. noch mehr interessierte Besucher auf dein Angebote locken!

- **Marketing**

Schreibe in deine Titelzeile so etwas wie: "Last Minute Preis", "Oktoberdiscount" oder "14 Tage buchen, 21 Tage bleiben".

Rahme dein Titelbild mit einem roten Rahmen ein und erhasche damit Aufmerksamkeit.

Anstelle eines Titelbildes, entscheide dich für einen "Button" wie er auf Webseiten oft verwendet wird. Dort steht dann oft drauf: "Neu", "Discount" oder "Exklusive". Wende dies ruhig mal an, um zu sehen, wie die Reaktion auf solche Maßnahmen sind.

Airbnb für Businessreisende

Dieser Geschäftszweig steckt zwar noch in den Kinderschuhen, wird aber von Airbnb angeboten und rege beworben.

Lese in den Nutzungsbedinungen, welche Voraussetzungen deine Unterkunft haben muss, um als Businessunterkunft gelistet zu werden.

Die meisten Businessreisenden sind fast ausschließlich in Städten unterwegs, bleiben oft nur eine Nacht, sind aber durchaus zahlungskräftige Kunden, deshalb solltest du diese "Zukünftige" Einnahmequelle, falls möglich, unbedingt beachten!

Ab wann eignet sich eine Unterkunft für Businessreisende

Mittleres bis höheres Niveau der "Einzel" Unterkunft- Geschäftsreisende wollen nicht in einem Einzelzimmer neben dir auf einer Couch schlafen, ausserdem ist das bei Airbnb zumindest nicht möglich!

- Absolute Sauberkeit in der Unterkunft und bei der Bettwäsche und dem Badezimmer.
- Bereitstellung von Körperpflegeprodukten wie Shampoo, Seife, Handtüchern und WC-Papier sowie Geräte wie Föhn, Kleiderbügel, Bügeleisen/Brett und Ablageflächen wie Tische und Schränke.
- Falls möglich, Frühstück servieren oder Zutaten wie Toast, Eier etc. Und Geräte wie Kaffeemaschine, Kühlschrank etc. Bereitstellen.
- Rauchmelder!
- Es sollte vielleicht die Möglichkeit geben in der

Nähe zu rauchen.

- Evtl. Gute Verkehrsanbindung oder du bietest einen Fahrservice an.
- Evtl. Weckservice und nach Möglichkeit eine 24h erreichbare Telefonnummer.
- 24h Unkomplizierte Schlüssel annahme und vor allen dingen Abgabe! Wie wäre es da mit einem WIFI-Schloss an der Tür? Den Code kannst du per SMS oder Nachricht deinem Kunden zukommen lassen!

Es kommt vor allen auf "Unkompliziertheit" an!

Bei Geschäftsreisenden musst du dich komplett nach ihnen richten

- Checking und Checkout müssen zu jederzeit stattfinden können
- Falls der Gast in der Nacht seinen Schlüssel nicht dabei hat, musst du in der Lage sein, ihm einen weiteren Auszuhändigen!
- Der Geschäftsreisende benötigt etwas? Dann besorge es ihm: Zweites Kopfkissen, Flasche Wasser etc.
- Natürlich kannst du vorher festlegen, welchen Service du anbietest und was nicht geht, du bist ja schließlich noch kein Hotel :). Geschäftsreisende sind nicht nur in 5 Sterne Hotels sondern auch in Handwerkszimmern, und abgetrennten kleinen Privatwohnungen unterwegs.

Vorteil ist: Du kannst mehr Geld verlangen!

Wenn du ein kleines Studioappartement in der Innenstadt besitzt, kannst du es als Businessappartement für locker 30% bis 35% teurer vermieten!

Deine Unterkunft wird außerdem mit einem kleinen Aktenzeichen versehen, damit zeigt Airbnb deinen potenziellen Kunden, dass deine Unterkunft auch für Geschäftsreisende zu haben ist. Du erweiterst damit deine Zielgruppe.

Fazit

Ja, deine Untekunft muss fast wie ein Hotel sein!

Ein Einzelzimmer in einer Wohnung oder einem Haus wird keiner buchen. Ansonsten empfehle ich die gleiche Ausstattung wie ich bereits vorher empfohlen habe.

Weiter unten in den Seiten zeige ich dir auf, wie man eine Unterkunft bekannter macht, die gleichen Methoden kannst du auch bei deiner Unterkunft anbieten, wenn du sie als Businessappartement vermietest!

Die meisten Dinge wirst du wieder erkennen, denn sie ähneln stark dem eines Hotels. Das ist das besondere für Geschäftsreisende- Schnelle Abwicklung, Privatsphäre, Unabhängigkeit, eben alles da was man braucht!

Dein Gast benötigt wahrscheinlich kein Abendessen mit dir oder will dich und deine Familie unbedingt kennen lernen... Jemand auf Geschäftsreise hat andere Dinge im Kopf. Klar, manchmal haben sie auch mal einen Tag Zeit und wollen sich etwas anschauen, dann hast du wieder eine Gelegenheit ein guter Gastgeber zu sein.

ACHTUNG

Lese dir unbedingt die Stornierungsklausel durch. Sobald du innerhalb von 7 Tagen vor dem Checkin deines Business Gastes, stornierst, wird deine Unterkunft 1 ganzes Jahr lang nicht mehr als Businessunterkunft gelistet werden!

Mit Airbnb, ohne eigene Unterkunft, geld verdienen

- **Glamping**

Eine neue (alte) Art des bequemen Campings findet in Europa und vermutlich bald auch Weltweit immer mehr Anhänger.

Für dich bedeutet dies, dich als Unternehmer zu beweisen! :)

Voraussetzungen

Ein Grundstück und ein wenig Kapital, mehr nicht!

Nein, natürlich ist das nicht alles, aber mehr brauchst du nicht um bei Airbnb oder anderswo dich anzumelden und Geld zu verdienen.

Natürlich ist Glamping auf einem Rasen neben einer Hauptstrasse nicht schön und ein gammeliger Trailer umgebaut mit einer alten Luftmatraze ebenso wenig, es gehört natürlich mehr dazu, einfach nur Geld verdienen zu wollen...

Ein wunderschönes "Glampingcamp" habe ich einmal in Equador besucht, ich hatte dort nicht übernachtet, aber es war sehr schön. Mitten im Dschungel in der Nähe eines Sees gelegen, gab es nur Zelte, aber mit richtigen Matrazen und einem Hauptzelt, es wurde am Lagerfeuer gekocht und hatte einen tollen Spirit.

Andere Glampinganbieter, welche ich bei Airbnb in den Anzeigen gesehen habe, haben oft auch ein richtiges Haupthaus, Strom und manche sogar einen Pool. In Mexiko gibt es einen Anbieter der ein kleines Restaurant führt und seine Glampingunterkünfte, also Zelte mit kleinen Plätzen, Kochstellen und Gaslaternen eingerichtet hat, sieht sehr gut aus!

Was du alles anbieten kannst oder musst, das liegt ganz an dir und die Gegebenheiten vor Ort. Bedeutet ja nicht, dass es dein eigenes Grundstück sein muss, du kannst ja auch eins pachten!

Vorteil am Glamping

Geringe Investition und hoher Ertrag bei gleichzeitig niedrigen Wohnpreisen für deine Gäste.

Viele Menschen suchen die Verbindung zur Natur und sind mit einer kalten Eimerdusche am morgen, bereits völlig glücklich zu stellen.

Andere wiederum wollen sich auch (und darum geht es beim Glamping) um nichts kümmern, die unberührte Natur genießen, aber nicht unbedingt auf Komfort verzichten.

Du kannst selber entscheiden, welche Zielgruppen du erreichen möchtest.

- **Eine Wohnung anmieten oder die Wohnung von jemand anderen bei Airbnb anbieten**

Sicherlich kein neuer Tipp, machen das natürlich schon lange auch professionelle Wohnungsanbieter und in einigen Städten wie Paris oder Berlin hat dies schon für heftigen Gesprächsstoff gesorgt, da durch Airbnb weniger Wohnungen für den Wohungsmarkt bereitstehen und es Wohnungsnot herrscht.

Ich hatte für ein paar Monate in Deutschland/Hamburg eine möblierte Wohnung bei Airbnb gelistet. Ein befreundeter Ex Airbnb Mieter aus Hamburg verwaltete für mich alles.

Stadtwohnungen sind sehr beliebt!

Da die Wohnung etwas weiter außerhalb gelegen war und in der Miete nicht besonders hoch, war dies ein super Verdienst. Leider kündigte mein Vermieter nach den ersten negativen Medienberichten über Airbnb, mir die Wohnung, da die steuerrechtliche Situation noch nicht vollends geklärt war und er kein Ärger mit dem Gesetz haben wollte.

Frage in deinem Bekanntenkreis nach, ob sich jemand vorstellten kann, seine Ferienwohnung, Zweitwohnsitz oder ein Zimmer zu vermieten, vielleicht entsteht dadurch ja eine kleine Partnerschaft?

Im Internet gibt es in jeder Sprache unterschiedliche Wohnungs-Vermietungs-Seiten, dort findest du geeignete Wohnungen zum anmieten.

Ansonsten gibt es bestimmt in den Lokalen Zeitungen (welche oft auch im Internet vertreten sind) Anzeigen über Wohnungsvermietungen.

- **Schreibe Wohnungsbeschreibungen**

Auf folgendem Link kannst du deine Dienste als Schreiber verkaufen:

http://www.airspruce.me

Natürlich gibt es noch andere Portale in denen du deine Dienste anbieten kannst, z.B. Freelancer.com

Auch eine Möglichkeit ein kleines Geld zu verdienen, welche ich aber selber noch nicht genutzt habe

- **http://canistaywithyouwhileirentmyplaceonairbnb.com**

Deine Unterkunft bekannter machen

- Trete den Facbookgruppen aus deiner Stadt und deinem Land bei, wenn es noch keine gibt, dann erstelle sie.

Begründung

Falls ein anderer Gastgeber mal eine Überbuchung hat und du etwas frei hast, dann kannst du seine Gäste bei dir aufnehmen.

- Du kannst in den Facebook Gruppen, in denen sich auch potenzielle Kunden befinden, Werbung schalten. Ein nettes Bild von deiner Unterkunft oder der neuen Couch mit einer netten Beschreibung dazu.

Du kannst dadurch auch Buchungen ausserhalb von Airbnb erhalten. Achte jedoch darauf deinen Kalender entsprechend einzustellen!

- Erstelle eine eigene Facebookseite von deiner Unterkunft und gebe ihr einen passenden Namen. Du solltest später deine Gäste dazu auffordern deine Seite zu liken. Das sehen wiederum auch deren Freunde!

Poste immer mal wieder Neuigkeiten, du weisst nie, wer mal auf die Seite gelangt und sich dann für deine Unterkunft interessiert

- Werde Mitglied in allen Airbnb Foren, sowie Wimdu und 9flat. Deine Unterkunft sollte "Überall" vertreten sein. Auch wenn du später höchstwahrscheinlich bei einem Anbieter (Airbnb) bleiben wirst, so kannst du überall für deine Unterkunft, Werbung machen. Du kannst dich dort vorstellen und in deiner Signatur den Link zu deiner Unterkunft hineinschreiben(Airbnblink oder deine eigene Webseite).

Du solltest bei vielen relevanten Beiträgen von anderen Nutzern, etwas dazu schreiben und einen kleinen Hinweis hinterlassen, dass du auch eine Unterkunft hast. Auch wenn das Forum oder der Blog keinen "No Follow" link haben, so lesen doch viele Menschen die Kommentare, und darunter bestimmt auch mal deinen mit deinem Link.

- Du bist nicht gut gebucht, dann haue Sonderangebote raus!
- Schreibe in deine Titelzeile "Specialprice" und nehme nur die Hälfte deiner Ursprünglichen Miete. Wenn es für sich für dich rechnet, und du weißt, in diesem bestimmten Zeitraum hast du sowieso keine Buchungen, dann tue es! Du hast nichts zu verlieren!

Ein wertvollerTipp zwischendurch

- Trage deine Unterkunft, als Event, Hotel, Übernachtungsmöglichkeit etc. bei Googlemaps ein. Bei Airbnb wird dann deine ungefähre Location angezeigt und wenn du dort bereits eingetragen bist, dann lesen deine potenziellen Gäste auch den Namen deiner Unterkunft wie z.B. "Casa Lucia".
- Bei Googlemaps kannst du nicht nur mindestens ein Bild hinterlassen, sondern auch noch einen Link posten! Das bedeutet, deine potenziellen Gäste können so auf deine Webseite finden und sich einen noch bessere Eindruck verschaffen! Sie kommen von Airbnb auf Googlemaps, zu deiner Webseite und dann gucken Sie auf Youtube oder Facebook!

Eine Supersache, denn dort hast du dann vielleicht schon viele Postings veröffentlicht: Renovierung/neuer Garten/guck mal ein Lagerfeuer/ etc...

Je mehr dein Gast von deiner Unterkunft sehen kann, desto besser!

- Googelbildersuche
  Die Menschen suchen nach Unterkünten weltweit auch in der Googlebildersuche, daher solltest du deine Bilder immer mit einem "ALT" Tribute versehen und folgendes als kleine Zeile auf deinem Bild in englisch schreiben: "Unterkunft in Paris www.deineurl.fr". Entweder leitest du direkt auf deine Unterkunft oder deine Airbnbseite weiter.

Kleiner Tipp dazu

Verkleinere deine Bilder, nicht in den Maßen, sondern in der Größe, mit einem Programm wie z.B. Tinypic! So laden deine Bilder auch auf Smartphones schnell.

- Nutze Events und Veranstaltungen in deiner Stadt/Gegend aus.
- Eine Messe ist in der Stadt? Prima, dann versuche in entsprechenden Facebookgruppen, Foren usw Werbung für deine günstige Unterkunft zu machen.
- Du hast eine Unterkunft in Cancun und es ist bald Springbreak? Dann gilt das gleiche auch hier!
- Gehe noch einen Schritt weiter: Kontaktiere verschiedene Veranstalter, Touroperator usw. Und teile Ihnen mit, dass du, z.B. zum Springbreak noch ein tolles Zimmer frei hast!

Kreiere eine eigene Webseite!

Du kannst auf deiner Webseite einen eigenen Buchungskalender einbauen und bereits reservierte Tage markieren und/oder auf Airbnb verlinken.

Auf deiner Webseite sollten Bilder und Videos deiner Unterkunft zu sehen sein. Eine solch kleine Webseite kannst du dir entweder selber zusammen basteln oder du beauftragst jemanden dafür. Bei z.B. www.Fiverr.com oder www.freelancer.com findest du sehr günstige Anbieter, welche dir für kleines Geld eine einfache Webseite einbauen.

Auf deiner Webseite sollten auch noch wichtige Tipps zu deinem Land, sowie Ausflugsmöglichkeiten zu sehen sein.

Für Fortgeschrittene

Wir gehen noch einen Schritt weiter: Wenn deine Seite gut besucht wird, dann solltest du Affiliatelinks einsetzen. Das bedeutet du schließt Kooperationen mit einem oder mehreren Touroperatern ab. Jedesmal, wenn dann jemand von deiner Webseite aus einen Ausflug bucht, bekommst du eine Provision.

Du solltest in deine Webseite "Googel Analytics" einbauen, somit weisst du immer, von welchen Webseiten deine Gäste kommen und kannst diese dann stärker bewerben. Außerdem siehst du immer, wie viele Gäste bei dir waren.

Reisebüros und Veranstalter

Individualreisen sind der Trend der Zukunft und mit deiner Unterkunft steckst du mitten drin. Du kannst E-Mails an Reisebüros und Veranstaltern schreiben und deine Unterkunft anpreisen.

Achtung: Dies ist natürlich sehr aufwendig und selbst ich weiß manchmal nicht woher die Buchungen kommen, aber jeder einzelne Tipp auf dieser Seite, hat mir schon Gäste gebracht, also ziehe möglichst alle Methoden in betracht.

Für solch eine Aktion benötigst du natürlich viel Zeit. Du solltest eine gute Werbe- E-Mail schreiben (am besten im HTML Format) und du benötigst ein E-Mailprogramm, welches Massenemails versendet.

Du kannst auch nur mit z.B. Thunderbird arbeiten, achte dann darauf, dass du die verschiedenen E-Mail-Adressen deiner Empfänger immer als BC, also Blindcopy sendest, sonst sehen alle Empfänger an wen du noch gesendet hast.

Ferienwohnungen

In jedem Land gibt es Portale und Webseiten, wo du deine Unterkunft, kostenlos anmelden kannst. Tue dies! Ich habe in Frankreich meine Unterkünfte in mehreren Portalen stehen und habe durch schon jede Menge Buchungen erhalten!

Dies klingt zwar nach viel Arbeit und du musst dich mit dem Googleübersetzer auseinander setzten, aber der Aufwand ist es Wert!

Rom wurde auch nicht an einem Tag erbaut!

Hotel, Hostelportale

Falls deine Unterkunft es zulässt, kannst du sie auch als Hostel oder Hotel anbieten. Leider ist das auch oft mit Kosten verbunden (zumindest Provision musst du immer zahlen), aber eine Überlegung, je nach Unterkunft, wert!

Gutscheine

Melde dich bei Gutscheinportalen an und vergebe z.B. eine Nacht oder ein paar Nächte, einen Ausflug oder anderes, gratis!

Du kannst auch Gutscheine an Verwandte und Bekannte geben oder sie als Flyer verteilen lassen! In diesem Falle kannst du ja auch eine Vermittlungsprovision zahlen!

Gewinnspiele

Es gibt Portale auf denen Gewinnspiele angeboten werden. Kontaktiere die Verantwortlichen oder auch die Unternehmen und biete deine Unterkunft als Gewinn an.

Fiverr.com

Dort kannst du Menschen in der ganzen Welt beauftragen, für dich Flyer zu verteilen! Natürlich kostet das ein wenig Geld, aber zumindest als lustige Marketingaktion einen Versuch wert!

Du kannst Fotos von der Aktion machen lassen und diese dann auf deine Webseite oder auf Facebook stellen.

Youtube

Produziere einfache Videos mit einer Werbebotschaft. Ich nehme mal als Beispiel "Paris". Das ganze Video dauert maximal 2 Minuten und beinhaltet Bilder von Paris und seinen Sehenswürdigkeiten. Zu jedem Bild kann ein kleiner Spruch stehen. Die ganze Zeit ist in einer Ecke, entweder ein Link oder ein kleines Logo engeblendet, welches am Ende des Videos, noch mindestens 10 Sekunden als Vollbild zu sehen sein sollte. Außerdem musst du deinen Link in die Beschreibung hinein schreiben.

Kleiner Denkanstoß

Ich habe unter verschiedenen Youtubekonten über 50 Werbevideos in unterschiedlichen Sprachen mit meiner "Unterkunftsbotschaft" online...

Dein Link kann folgenden Satz enthalten: "Paris, die Stadt der Liebe muss nicht teuer sein: 20€ pro Nacht mit Airbnb. Die Weiterleitung folgt dann auf Airbnb oder auf deine Webseite.

Wir gehen noch einen Schritt weiter

Twitter!

Warum nicht?

Erstelle einen Twitteraccount über deine Stadt und twittere in regelmäßigen Abständen Neuigkeiten. Wenn du es schaffst, Follower zu gewinnen, dann kannst du auch Werbung machen!

Zusammenarbeit mit Youtubern, Twitterer, Blog und Webseitenbetreibern

Es gibt sicherlich erfolgreiche oder zumindest Relevante Webseiten oder Blogs aus deiner Stadt, oder Gegend. Wenn nicht in deiner Sprache, dann in anderen. Bezahle für Werbung für deine Unterkunft oder schließe einen Tauschhandel ab. Alles ist denkbar!

Melde deine Unterkunft bei Bewertungsportalen im Internet an

Tripadvisor, Holidaycheck & Co sind dafür gute Adressen. Frage deine Gäste, ob sie dich dort auch bewerten möchten, so kann deine Unterkunft noch besser gefunden werden.

Klassische Werbung

Sicherlich ein kostenintensiver Weg, aber dennoch eine Überlegung wert! Schalte Anzeigen in Städten von anderen Ländern. Es können Kleinanzeigen sein, die sind nicht teuer.

- Onlineanzeigen, Gratis und gegen Gebühr

Es gibt viele Portale und Webseiten in jedem Land, auf denen man kostenlos Anzeigen schalten lassen kann, nutze dies!

Anmerkung

Ich weiß natürlich, dass sich nicht jeder mit Webseiten, Ebook Erstellung, Bilderattributen usw. auskennt, aber all diese Dinge kann man im Internet nachlesen und sich aneignen oder gegen kleines Geld auch machen lassen. Habe keine Angst vor neuen Dingen, wenn du ernsthaft daran Interessiert bist ein wenig mehr aus deiner Tätigkeit als Unternehmer zu machen, findest du sicherlich einen Weg.

Schreibe einen kleinen Ebook Ratgeber

Deine Unterkunft liegt in einer tollen Stadt oder einem fantastischen Land? Dann schreibe ein kleines Ebook mit ein paar Fotos und lade es bei Amazon und anderen Portalen, Webseiten etc. hoch.

Es ist sehr leicht ein Buch bei Amazon zu veröffentlichen, es geht hierbei nicht darum Geld mit dem Ebook zu verdienen, sondern du kannst in dem Buch Werbung für deine Unterkunft machen. Du kannst Links in dem Buch plazieren die auf deine Webseite oder Airbnbseite weiterleitet!

Begründung

Der eigentliche Grund für Amazon ist aber folgender: Amazon rankt in den Suchergebnissen bei Google immer ganz oben, und wenn dein Titel lautet: "Paris erleben", Paris günstig bereisen" oder Reiseführer Paris", dann kannst du sicher sein, das der Titel bei Google angezeigt wird!

Bevor du dich mit Airbnb verheiratest, solltest du verschiedene Portale ausprobieren, um deine Unterkunft so gut wie möglich zu verkaufen:

http://www.travelmob.com

http://www.onefinestay.com

https://www.housetrip.com

https://www.homeaway.com

https://www.housetrip.com

https://www.roomorama.com

http://www.wimdu.com

http://de.intervac-homeexchange.com

https://www.flipkey.com

https://www.9flats.com

https://www.vrbo.com

https://www.tripping.com

https://www.waytostay.com

https://bedycasa.com

http://www.citiesreference.com

https://www.interhome.com

Sinnvolle Apps und Webseiten

Es gibt eine Vielahl von Apps und Webseiten, die dir vielleicht helfen können.

Falls du deine Gäste am Flughafen abholst, dann kann es sein das der Flug Verspätung hat, hier findest du es heraus:

http://uk.flightaware.com/mobile

oder

https://www.mobiata.com/apps/flighttrack

Deine Gäste sind mit dem Auto oder Bus unterwegs? Schätze hiermit die Zeit ab, wie lange sie unterwegs sind:

https://www.waze.com

In einigen Ländern bereits verfügbar und kann dir vielleicht helfen deine beste Preiseinstellung zu finden.

https://beyondpricing.com

Bleibe vorher und nachher mti deinen Gästen in Kontakt, nutze dazu:

http://www.whatsapp.com

oder

http://www.viber.com

Falls du oder deine Gäste mal in Not sind, dann hilft dieses weiter:

https://play.google.com/store/apps/details?id=com.mattneri.travel_saf e&hl=en

Du bist unterwegs und musst ein paar Notizen machen:

https://evernote.com

Zum Übersetzen von Nachrichten nutzt du am besten den Google Translater

https://translate.google.com

Mit dieser App, kannst du sogar Text von Bildern übersetzten:

https://play.google.com/store/apps/details?id=com.google.android.apps.translate

Eine nette Auflistung habe ich hier entdeckt. Du kannst dich ja mal durchklicken, vielleicht findest du ja etwas, was dir passt:

https://www.producthunt.com/@cschultz/collections/tools-for-airbnb-hosts

Super für dich und deine Mitarbeiter

https://www.getproperly.com

Folgendes habe ich noch nicht selber ausprobiert, möchte es dir aber einmal zeigen

https://beyondpricing.com

gleiches gillt hierfür:

https://www.everbooked.com/

Schlusswort

Ich bin froh, dass du dieses Buch gelesen hast und ich hoffe sehr, dass ich dir helfen konnte.

Ich bedanke mich noch einmal herzlich für den Kauf und wünsche dir viel Erfolg und lange Gesundheit.

Gute Reise,

dein Steven Perrez!

www.ingramcontent.com/pod-product-compliance
Lightning Source LLC
Chambersburg PA
CBHW070241190526
45169CB00001B/257